未来の交通事故ゼロを目指して

ひまわりに無事故を誓って

府民の安全・安心のために

「命の大切さ」を伝える交通安全教育

職務執行を通して人々を笑顔に

府民の声や思いを刻み交通警察官の使命を全うする

都大路の安全を背負って

交通警察のプロとしてのプライドをもって

犯人を必ず検挙するとの熱い思い

警察官としての誇りと使命感を胸に

発刊に際して

我が国では、昭和三〇年代以降、自動車交通が急成長し、社会経済の発達と国民生活の向上に大きく貢献した一方、交通事故の激増により「交通戦争」と言われた時期を迎え、昭和四五年には全国における交通事故死者数は一六、七六五人と戦後最悪を記録しました。京都においても、昭和四七、四八年には三六〇人もの尊い命が失われ、また、平成二四年には、京都を代表する観光地である祇園における死傷者多数の交通事故や、亀岡市における通学児童や保護者が犠牲となる痛ましい交通事故が発生したことは、記憶に新しいところです。

先人達が、「悲惨な交通事故を一件でも減らそう。」と、交通安全教育や交通指導取締り、交通規制等に取り組んできた結果、平成二八年中の交通事故死者数は全国で三、九〇四人と、統計史上初めて四千人を下回るまでに減少し、京都においても六〇人と、「交通戦争」時の六分の一にまで減少したところです。しかしながら、多くの尊い命が奪われ、沢山の悲しむ人がいる以上、交通警察の責務は、未だ道半ばであります。

交通警察職員は、そんな悲しい思いをする人を一人でも減らすべく、日々奮闘しています。

交通警察業務は、得てして、日の目を見ない仕事かもしれません。交通取締りを始め、交通事故捜査、交通安全教育、交通規制、免許・許認可業務など、多岐にわたり、これらは全て交通事故防止に繋がるものでありますが、その業務が本当に交通事故防止に役立っているのか、どこで誰の交通事故を防ぐことができたのか、というのは、目に見えて感じることができないからです。

それゆえ、「一件でも交通事故を減らしたい。」という熱い気持ちを持って交通警察職員になったにもかかわらず、日々の多忙な業務に追われ、達成感を感じることができないまま、そのモチベーションを維持することができなくなる職員が少なからずいることも確かです。

この体験記集は、そんな職員に、もう一度、交通警察を志した時の熱い気持ちを呼び起こさせることはもとより、交通警察職員以外の方にも手にしていただき、彼らの熱い気持ちに触れることで、交通警察業務への御理解を深めるとともに、交通安全意識を高めていただき、ひいては、交通事故のない社会を実現できればと、発刊に至ったものであります。

本書の企画に御賛同いただきました、京都府警察官友の会、一般財団法人京都府交通安全協会、一般社団法人京都府トラック協会の皆様には、心から御礼申し上げます。

平成三〇年一月

京都府警察本部長

緒方　禎己

目次

（注）執筆者の所属・階級・交通経歴については、執筆当時のものです。

ある早朝の出来事　交通企画課　吉沢　敦哉……一
それでいい　交通規制課　藤原　省三……四
永遠に生きるかのように学べ　交通企画課　千阪　清美……八
交通死亡事故から感じたこと　川端警察署　木村健司郎……一二
私に出来ること　向日町警察署　藤田いずみ……一六
キラキラする瞬間　交通企画課　藤江　良子……一九
交通事故捜査と交通安全教育のあいだで　城陽警察署　荒木　一也……二二
一期一会の誠意　綾部警察署　新宮　塔子……二六
交通警察官に出来ること　交通規制課　筧　紘子……二九
ある違反者との出会い　向日町警察署　小山　彩子……三三
交通警察で学んだこと　交通機動隊　梅田　学……三七
俺、ガレージ持てへんの？　川端警察署　藪内　弦……四一
少年事件で感じたこと　下京警察署　村田　佑介……四五
交通警察官としてのやりがい　山科警察署　吉　貴弘……四九
全国に広がれ、交通事故根絶の願い　交通企画課　澤井　純……五二
最高の励まし　交通企画課　福平　真治……五七
私が思う交通警察の魅力　山科警察署　柳生　由紀……六一
交通課長になって改めて知る交通警察の素晴らしさ　城陽警察署　大橋　尚美……六四

交通警察官としてできること　高速道路交通警察隊　川口　卓也……六八
事故が無くなるその日まで　下鴨警察署　白井　里志……七二
「想いを伝える」ということ　交通企画課　前田　尚子……七六
命の尊さを伝える仕事　交通指導課　長畑　智子……七九
プライド　交通捜査課　高野　匡生……八二
感謝の手紙　山科警察署　藤井　啓司……八五
交通事故のない社会を目指して　伏見警察署　山田　達見……八八
弁当箱の悲しいぬくもりを感じて　交通企画課　本谷　篤史……九二
人形は私の分身　交通指導課　清水　聖子……九五
府民の安心・安全のために　運転免許試験課　臼谷　和代……九九
弔い　運転免許試験課　池田　正治……一〇二
ある隊員から教わったこと　交通指導課　山田　要……一〇六
広域緊急援助隊・交通部隊としての使命　交通機動隊　初鹿　遼……一一〇
被害者のやさしさに触れて　山科警察署　紺谷　孝一……一一三
ある一本の電話から得た熱い気持ち　交通指導課　蔦浦　裕子……一一九
誇りと使命感　高速道路交通警察隊　井口　健一……一二二
息子の声援　山科警察署　水田　俊寿……一二六
残された者　田辺警察署　小根山和史……一三〇
短い言葉　交通企画課　福山　智晴……一三三
交通警察に憧れて　交通企画課　野々下俊彦……一三八

交通課員一年目　向日町警察署　津幡　崇史……一四二
ある遺族の想い　交通捜査課　鬼束　龍一……一四六
交通警察官の誇りと使命　宮津警察署　神本　将也……一五〇
五分間の交通安全教室　木津警察署　藤原　大毅……一五三
乗り物が好きだから　交通企画課　佐次　智宏……一五六
『あかねちゃん　お父さんはね。』　神山　保……一六二
横手　靖幸……一六三

ある早朝の出来事

交通企画課　警部補　吉沢　敦哉（四一歳）
（交通経歴　二年六月）

夏のようやく夜が明けようとしている日曜日の早朝。平日とは違い交通量が閑散とした街の大動脈の国道をパトカーでパトロール中、バックミラーで後ろから近づいてくる一灯ヘッドライトが気になった。

「ヘッドライトの球切れか、ずいぶん車線の右側に寄って走っているバイクか。」

走っている状況からふらつきはなかったので、居眠り運転ではないだろうと思いながらも、周囲の状況に注意しながら、まばらに点灯している街灯の中、国道を走っていた。

しばらくすると赤信号にさしかかり、パトカーを止めた。私が気になっていたのが、バイクであることが分かった途端、そのバイクは反対車線に出て、赤信号で止まっているパトカーの右側を猛スピードで追い越していった。

一瞬ではあったが、二人乗りで真新しい感じの、白と青の二五〇ccのバイクで他府県ナンバーも読み取ることが出来た。

すぐにパトカーの赤色灯を点灯させ、サイレンを鳴らして追跡を開始し、そのバイクに停止するよう求めたが、一向に減速もせず、むしろバイクとの距離がだんだんと離れていった。

交通量が少ない上、幹線道路。無理してまでの深追いは重大事故を招く。脳裏に悪い思いがよぎった。

追跡を開始して、二つ目の信号が赤色であった。まさかこのまま交差点に突っ込むのではないかと思ったとたん、そのバイクは速度を落とし、左斜め前に入る細い路地に吸い込まれて行った。

その路地は、一本道で五〇〇メートル程進んだその先は行き止まりである。

まもなくバイクのテールランプが消えた。

すぐに追いつくと、止まっていた真新しいバイクは倒れ、近くにあった駐車車両の陰で男女がヘルメットをかぶったまま、ブルブルと小刻みに震えしゃがみこんでいた。

私は、二人に近づき声をかけた。

「二人とも怪我していないか。事故せんで良かったな。」と。

周囲に民家はなく、バイクの後部座席に乗っていた女性が、急にすすり泣く声が聞こえた。

バイクの二人に怪我がないことを確認した後、運転者に信号無視と初心運転者乗車方法違反（二人乗り禁止）の交通違反で反則告知するため免許証の提示を求め、青切符の作成に取りかかった。

その免許証を見ると、一八歳、普通自動二輪の免許をとって三日目で、バイクの走行距離も数百キロの新車であった。

話を聞けば、早く彼女と二人乗りでツーリングしたかった。ツーリングデートは京都に行こうと決めていて、いろいろと行っていたら夜遅くなってしまったとのことであった。

あえて確認するように聞いてみた。

「そんなに彼女と京都に行きたかったんか。」

彼は、パトカーの後部座席でうなだれるようにして「はい。」と答えた。

私は、「これからいい思い出作ろうとしているのに、彼女を乗せて慣れないバイクで暴走のようなことをして、彼女は君のことどう思うかな。君に大事にしてもらっていると思うだろうか。君の悪い一面を彼女に見せてしまったんじゃないかな。これから彼女に信頼してもらえるか。」と諭したとたん、彼はうつむいたまま黙り込んでしまった。

今回は事故せずに怪我もしなくて良かった。だけど、事故一回で人生が終わってしまう場合も残念ながら現実にはある。バイクも車も便利なものだから、安全に上手に使うことをこの先考えようと話しかけたとたん、彼は、彼女にどう謝ったらいいか分からないと泣き出した。

自分自身を彼女の前では大きく見せたい、素朴な心の少年であった。

反則告知が終わり、近くの民家に一時的にバイクを止めさせてもらった。

彼とその民家までバイクを押している間、今回のことを自分の両親と彼女の両親にどう説明したらいいか、免許取り消しになるのか等、相談話で時間が過ぎ、気がつくと東の空がすっかり明るくなっていた。

バイクを業者が取りに来る段取りをつけ、帰宅ルートをメモにして渡したところで、彼は、彼女がいる前で私たち警察官に「これからは、ルールと彼女を守って安全運転します。」と。

二人は最寄り駅まで歩いて行くと説明したので、その場で別れた。その後ろ姿は彼女としっかり手を握り歩いていた。

約二か月後、彼から「彼女とはうまく続いています。」とお礼の電話があった。

最初に怪我していないかと気遣ってくれたことがうれしかったと。

「ルールと彼女を守る。」

私はその言葉を信じ続けたい。

それでいい

交通規制課　警部　藤原　省三（四五歳）
（交通経歴　一三年一一月）

私が警察官になったのは、今から約二十二年前の平成七年四月です。

その年の一月に発生した阪神淡路大震災で、兵庫県神戸市にある二階建ての自宅は半壊しました。

幸い、家族に怪我はありませんでしたが、親戚が全壊した家の下敷きになり亡くなりました。

当時、私は大学四回生で、四月からの京都府警察への採用が決まっていましたので、残りの数か月の学生生活を満喫していたのですが、昼夜を分かたず、国道の真ん中で交通整理をしている警察官を見て、「ああ、俺もあんな風に仕事をするのかな。大変そうだな。」と思ったのを覚えています。

採用後、警察学校で初任科教養を受ける中で、「世の中を明るく、良くするには、犯罪を減らすしかない。犯罪の芽が育つ前に、その芽を摘めばいいじゃないか。犯罪者になる前に、非行少年を更生させることが必要だ。」と考え、少年警察を希望するようになりました。

そして、警察学校を卒業した後、同期生三人とともにU警察署の地域課に新任配置となり、数か月交番勤務をした後、刑事課、生活安全課、そして最後に交通課の順で実務研修を受けました。

最後の実務研修である交通課での研修も中盤を過ぎたある日、研修中に何かと声をかけてくださっていた交通事故捜査係の係長から「君は、希望する係はあるの？」と聞かれたのです。

私はてっきり、「各課の研修を通じて、希望する係は見つかったか。」という意味で聞かれたと思い、「はい、少年係を希望しています。」と答えたのです。

すると係長が「?」という顔をされた後、笑いながら「そうか、生安（生活安全課）か。ごめん、ごめん。」と言われたのです。

係長がなぜ「?」という表情をされたのか、なぜ笑いながら「ごめん、ごめん。」と言ったのか理解できなかったのですが、数秒して、交通課ならどの係を希望するのかと聞かれたのだと気付き、

「すみません。」と謝ったところ、係長は、「いやいや、君は別に悪いことはしてないんだから、謝らんでいいよ。少年係か、うん。」と言われたのです。

私は、よくしていただいていただけに、「申し訳ありません。」と頭を下げたのですが、その係長は「何も謝ることはない。希望する係があるのはいいことや。頑張って生安に入れよ。」と言った後、「正直なのが一番大切や。忘れたらあかんで、君はそれでいい。」と言われたのです。

私は、新人で仕事は半人前以下ですし、体も小柄で武道も弱く、また、何か特技があるわけでもなく、本当に目立つことのない平凡な存在でした。

ですから、警察官になってから、つまり、社会人になってから誰かに褒められたことも、「それでいい。」と言われたこともありませんでした。

それが失礼なことを言ったにもかかわらず、こんな私に「それでいい。」と言ってくれた係長に対し、心底、「こんな人になりたい。こんな人と仕事がしたい。」と思ったのです。

そう思うと不思議なもので、残りの交通課での研修に自然と気持ちが入り、研修が終わる頃には「交通課もいいなあ。」と思うようになっていました。

そして、研修最後の日、その係長から「研修お疲れさん。交番に戻ったら生安の仕事だけじゃなく、交通の仕事も頑張ってよ。」と言われたとき、私は「実は、交通課もいいなあと思っているんです。」と答えたのです。

すると、係長は、「おお、ホンマか。事故で怪我をしたり、亡くなったりする人を一人減らせたら、悲しむ人をそれ以上減らせるんや。これは大切なことやし、それが交通課の仕事やと思う。」と言い、最後に「君、きっと白帯革が似合うぞ。」と言われたのです。

そのとき私の心は決まりました。交通課に入ろうと。

その後、機動隊へ異動し、警備専務員試験を受けないのかと言われましたが、交通専務員試験を受けさせていただき、晴れて交通課員となりました。

しかし、交通課員になって、楽しいことばかりではありませんでした。

交通取締りの現場では、違反者から心無い言葉を浴びせられたり、交通事故現場では、深夜の雨の中、路面を這うこともありました。

死亡事故では、霊安室で御遺体を前にした御遺族から「お巡りさん、お願いだから息子を返して。お願いだから……」と嗚咽しながら迫られ、言葉を失ったこともありますし、御遺体にしがみ付き泣き崩れる御遺族にかける言葉が見つからず、一緒に泣いたこともありました。

休日の呼び出しもたくさんあり、家族をがっかりさせたことも一度や二度ではありません。

正直、辛いことのほうが多かったのかもしれません。

しかし、「交通事故で悲しむ人を一人でも減らす。そうすることで、世の中を明るく、良くする。」という想いひとつで、これまで自分なりに努力してきたつもりですし、これからもそうするつもりです。

魅力ある仕事というのは、「この仕事、一体何のためにやってるの?」と自問したときに、納得のいく答えを自答できる仕事だと思います。

警察官になって約二二年が経った今も、これと言って人に誇れるものは何もない平凡な人間ですが、あの日、あの係長に言っていただいた「それでいい。」という言葉を、いつの日か自分に言えるよう、少しずつであっても「世の中を明るく、良くする。」という想いを胸に仕事に邁進します。

永遠に生きるかのように学べ

交通企画課　警部補　千阪　清美（五八歳）
（交通経歴　三九年八月）

一　はじめに
数年前のことです。五～六枚の写真が職場の私の元に送られてきました。送り主は、数日前に実施した交通教室の主催者。そこには、楽しそうに交通教室に参加する高齢者の様子と共にこんなメッセージが添えられていました。

「これぞプロというお話、ありがとうございました。」

このような言葉をいただく時、私は、仕事に誇りとやり甲斐、そして程良いプレッシャーを感じ、この仕事を続けていて良かったと心から思うのです。

私は警察人生のほとんどを交通安全教育活動に従事してきました。交通取締りや事故捜査と違い、なかなか結果の出ない、数字にも表れない地道な活動ですが、府民の皆さんから感謝される、また、少し大袈裟ではありますが警察のイメージアップに繋がる、とても大切な仕事であると自負しています。

二　不幸な人をつくらない教育

先日、日本の癌治療の第一人者といわれる医師の話を聞く機会がありました。その方は癌の予防教育の重要性をテレビや講演活動などを通じて積極的に説いているのですが、話の中に、「自分は癌になった人を治すのが仕事だが、ある時、患者を治しているだけでは不幸は無くならないということに気付いた。癌になる前にならない方法を知ってもらうことが重要なんだということに。」という言葉がありました。

交通安全教育も全く同じです。交通事故に遭ってからでは遅いのです。遭う前に安全な行動を知って実行すれば、交通事故により不幸になる人は減少するはずなのです。これは、交通安全教育の大きな役割の一つであり魅力でもあります。

小さな子供には分かりやすく、中学・高校生には自らのこととして考えられるように、一般ドライバーにはそれぞれの立場に合った話を、高齢者には今日から実行出来ることを……対象に合わせ、その時々の交通環境や時代背景に合わせ、段階的・体系的に話をする。対象者は、真剣に、又は楽しそうに話に聞き入り納得する。そこに安全教育の醍醐味があります。

三　安全を届ける

ただ、その後、その人たちの行動が変わったかどうか、安全行動が継続されているかどうかについては、残念ながら検証できないのが実情です。

けれども、時々、私たちのしていることは意味のあることだと実感できる場面に出会うことがあります。以前こんなことがありました。

ある児童館の館長が交通安全教育の研修会で、自身の体験を話されたことがありました。内容は、二五年程前、地域の児童館で行われていた幼児向け交通教室（セーフティクラブ）に幼い長男と一緒に参加していたときのことで、その指導内容について今でも親子共に良く覚えていると、当時配付した資料を参加者に見せながら話をされたのです。

その資料には私の手書き文字が……。大変驚くと同時にとても感激しました。私が作成した資料を、今でも大切に保管していただいていたこと、指導した内容を覚えておられたことに。そして、長男は立派に成人されていることを聞き、人の人生に少しではあるが良い形でかかわることができたことを本当に嬉しく思いました。

交通安全教育の効果測定は難しく、なかなか実感する機会も少ないのですが、確実に人々の心に届いていると、確信できる出来事でした。

四　永遠に生きるかのように学べ

仮にも「教育」と名の付くことをするのですから、しっかりと学び、ぶれない指導をしなければなりません。対象に合わせた分かりやすい指導をするには、それぞれの行動特性や事故実態に合わせ、最も効果的な内容を吟味し実行に移します。特に交通問題に関しては、生活に直結していることから一般の人たちの関心が高く、間違ったことを伝えるわけにはいきません。

インド独立の父と言われるガンジーは「永遠に生きるかのように学べ」と言いましたが、この言葉は、年齢を重ねるほど、ベテランと言われるほど、グッと身に浸みる言葉です。「これくらいで良いか」とか「前にやったのと同じことをしておこう」と易きに流れやすい気持ちを引き締め、経験値で仕事をすることの無いよう、常に正しいことを正確に伝えられるように、また、自分のこれからの生き方として、最近はこの言葉を私の座右の銘とし、自分を律し、前向きな気持ちを維持する糧としています。

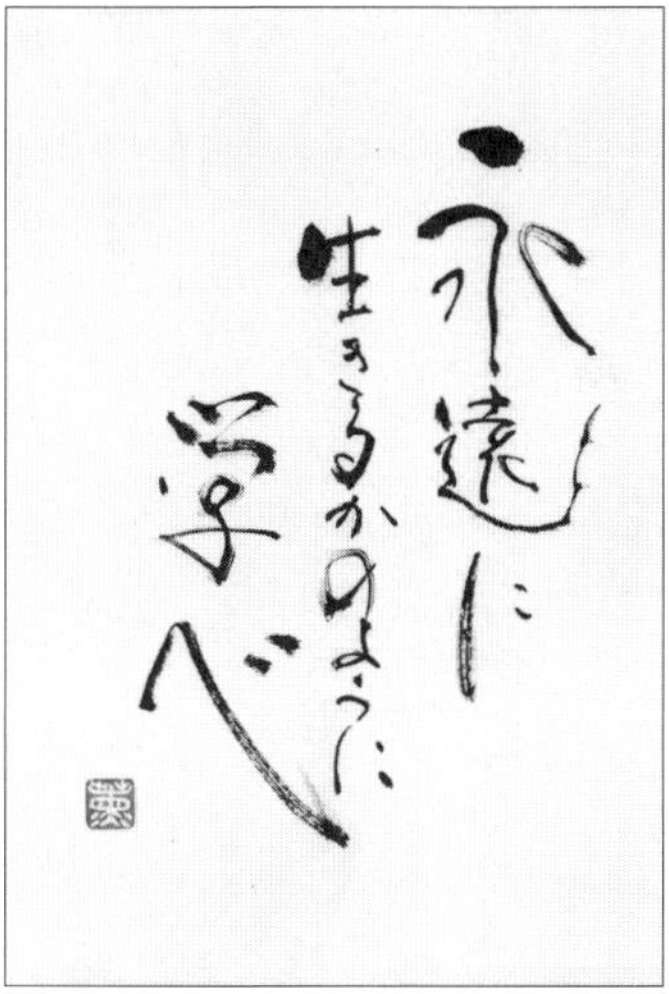

五　自分にリミッターを付けない

最初に述べた「これぞプロ」という言葉。非常に重い言葉です。私は、最初から警察官であった人と比べ、地域課の経験も無く、交通課員としても出来ることは少ないのですが、それだけに、出来ることに関してはプロフェッショナルでいたいと思っていますし、そうなろうと努力してきました。

ややもすると、「警察官でなかった自分にはこれが限界」とか「これで十分」と勝手に自分自身を納得させてしまいたくなりますが、これからも自分自身に限界を設けず、最後までプロであり続けられるようにしたいと思っています。そして、そんな自分の姿を見て、一人でもいいから何かを感じてくれたらいいいなぁと思っています。

交通死亡事故から感じたこと

川端警察署　巡査長　木村健司郎（四五歳）
（交通経歴　一四年一〇月）

交通警察官になって十数年、交通事故捜査係と交通指導係の両係を経験してきたものの、もっともっと経験しなければならないことが多いと感じています。

自分は現在交通指導取締係で勤務し、川端警察署に赴任する前は一〇年間、交通事故捜査を担当し、両係を経験してきた結果、交通事故捜査と交通指導取締りは一対のものであるとひしひしと感じるようになりました。

自分の交通経歴の中で交通死亡事故も取り扱っており、ご遺族と話をする機会も多かったことから、その時にご遺族にどのように対応したらいいか、どのように話をしたらいいかといつも考えを巡らせていました。

たぶん誰でも人の死について、直接関係者に話すのが得意な人はいないと思います。

○　見通しの良い交差点で出合頭に衝突して亡くなったバイクの運転者の母親が旅行先から知らせを聞いて慌てて帰ってきて「私が旅行に行ってる間にこんなことが。」と言葉を詰まらせた時

○　スピードの出し過ぎでバイクが自損転倒し、運転者が亡くなった事故で父親から「どうしてそんなにスピードを出したんやろ。前にも事故をしたから、いつもスピード出すなと言っていたのに。」と独り言のように言われた時

○　おじいちゃんが孫二人を乗せて対向車線にはみ出し、三人が同時に亡くなったとき、その母親（娘）から「何でこんな事になったんですかね。」と茫然と言われ、その後に泣き崩れられた時にご遺族にどう答えたらいいのだろうか、ご遺族がどのように話されても答えられるようにとあらかじめ考えていても、ご遺族を目の前にすると言葉に詰まり、考えていた言葉の半分も口にできませんでした。

また、右折した対向車と衝突した直進車の助手席に座っていた子供が前に投げ出されフロント部分に頭部を強打し即死した事故で、運転者の父親が半狂乱になり、相手の車を殴りつけたこと、自転車の子供が道路に飛び出し、車にはねられ亡くなった事故など、家族が泣き叫んでいた様子を目の当たりにすると全く言葉のかけようがありませんでした。

それから、家族が亡くなって、一月も経たない時にそのご遺族が「遺産のことについて家族でもめている。」と聞いたときには「警察にそんな話を持ってきて何を考えているんや。」、「そんなことを今している時か。」と憤りを感じることもありました。

その後、家族が亡くなったことにより残された家族がばらばらになってしまったのだなと感じるようになりましたが、その時には「死んだらすぐに金の話になるなんて浮かばれないな。」くらいに思わざるを得ませんでした。

交通死亡事故が起こると残された家族は大変だと言われますが、「大変」とは「葬式の準備とかで忙しい」とか「今後どうしていいか分からない」という意味でなく、人生が一転し「何が起こったか理解できない」ということではないかと思います。

家族が急にいなくなるという現実をすぐに受け入れることは難しく、また、被害者に過失があるなしにかかわらず、ご遺族の悲しむ姿は、見ていて大変つらいものです。

交通死亡事故は、その時々に応じた対応に苦慮します。

交通取締りをしている時に運転席で子供を膝に乗せている親が「泣いたから。」とか「自分の責任で乗せてるんや。」という言葉を聞くたびに憤りを感じずにはいられません。

飲酒運転などにより死亡事故を起こした運転者の「自分はどんな処分でも受けます、自分の責任です。」という言葉は実に軽いものだと思います。

死亡事故を起こして自分で責任をとるといいますが、そういう運転者には「人は生き返らないし、元の生活に戻れない。」と言いたくなるときがあります。

結局、その言葉を言わなくてすむためには交通事故を防止するため、交通取締りや啓発活動をする必要があります。

短冊に交通事故ゼロの願いを込めて

警察官としての責任感や正義感で仕事をすることはとても大事なことと思いますが、正直日頃から自分はそれらを背負って仕事をしているわけではありません。しかし、自分は見たくないものを見ないですむように、言いたくないことを言わないですむようにという気持ちで交通取締りをすることは決して後ろ向きではないと思います。

私に出来ること

向日町警察署　一般職員　藤田いずみ（二〇歳）
（交通経歴　二年）

私は京都府警察一般職員として採用され三年目を迎えようとしています。現在、私が担当している業務は交通許認可で多忙な日々を送っていますが、日々の業務の中で交通警察員になって喜びを感じる事もたくさんあります。その中でも私が申請者に言われた印象深かった言葉が二つありました。

一つ目は、以前窓口に免許の返納に来られた方に対応した時、「今日、免許を返納できて、本当に良かった。親切な対応をありがとう。」と嬉しい言葉をいただいた事です。何十年も持っていた免許証を返納するということで、すごく悩まれる方がたくさんおられます。寂しいとおっしゃる方もたくさんおられます。「家族に危ないので返納してほしい、と背中を押されてきました。」と、その方も寂しそうに窓口に来てからも随分と悩まれている様子でした。その時に、高齢者の交通事故が多発している事や、事故防止の重要性、高齢者の免許返納についてなどお話をさせていただきました。十分に理解納得された上で返納すると決断された時、私の言葉で少しでも事故防止に繋がったのではないかと、とても嬉しく思いました。そして、返納される方の気持ちに寄り添う事ができ、清々しい顔で帰っていかれた姿を見て本当に良かったなあと思いました。長い方なら何十年も持ち続ける免許証。それぞれに色々な思いをお持ちだと思います。その場面に日々立ち会う事ができ、自分の思いだけではなく交通警察職員の思いや願いを直接話す事ができることが交通許認可の魅力だと私は思います。また、家族の方が免許返納の相談に来られるケースも多くあります。どうしても大切な家族に事故にあってほしくない、という思いがひしひしと伝わってきます。そんな思いを無駄にしないように、少しでも力になりたいと日々感じています。

そして二つ目の印象深い言葉は、「警察署が良い印象に変わりました。」という一言です。この一言がきっかけに、私たちの窓口での対応で、警察署の印象が変わるんだなと思い、自分の言葉に責任感を持つ事ができました。窓口には一日に何十人もの方が来られます。その中には、警察署に行く事を不安に思う方や緊張する方も多くおられると思います。私も警察職員になる前は、警察署に入る事はほとんど無かったので緊張していたと思います。その方も「一度も入ったことが無かったので警察署に入るだけでとても緊張しました。」とおっしゃっていました。窓口での対応は、私たちにとっては毎日の出来事ではありますが、警察署に来られる方にとっては一生に一度の出来事かもしれません。まず、警察署に入って最初に府民の方と接するのは、窓口業務だと思います。その一回を嫌な印象にしてしまわないように親切な対応を心がけています。どの言葉がこの方にとって一番分かりやすく伝わるか、ということも日々研究しています。そしてなにより大切にしている事は、挨拶を忘れない、ということです。手続をする前には、「おはようございます」、「こんにちは」。そして手続が終わった

警察署の顔

後には、「お疲れ様でした。」、「お気をつけて。」などの声をかけています。府民の方に気持ちよく帰ってもらうために、そして帰り際に「お気をつけて。」の一言をかける事で少しでも事故防止に繋がるように、と願いを込めています。

交通警察職員として私に出来ることは、とても少ないかもしれません。ただ、窓口での業務を通して私に出来ることを一生懸命して、少しでも自分の行動が府民の方の役に立てるように、日々仕事に励みたいと思います。そして窓口で府民の方に直接自分の気持ちを伝える事が出来ること、府民の「ありがとう。」を直接聞くことが出来ることがやりがいの一つだと思います。

これからも色々な方と接していく中で、少しでも交通警察職員として役に立てるように日々、努力し続けていきたいと思います。

キラキラする瞬間

交通企画課　巡査長　藤江　良子（三七歳）
（交通経歴　七年四月）

「今日、交通教室に一緒に行かない？」この言葉が、私が交通専務員になるきっかけになりました。

当時私は交番勤務をしており、管内にある児童館で小学生を対象とした交通教室があるので、一緒に行ってみないかと交通課の先輩に誘ってもらいました。交通教室を見たことがなかった私はせっかくだから行ってみようと思い、参加することにしました。

児童館に到着すると、三〇人位の子ども達が、所狭しと走り回ったり、おしゃべりをしたりと、こんな状態で交通教室ができるのかと思うほどにぎやかな状況でした。

交通教室では、交通版神経衰弱、人形劇、そして手品を行うというので、私はその横で簡単な補助をすることになりました。

交通教室が始まると、にぎやかだった子ども達は静まりかえり、先輩の話に耳を傾け、真剣な様子で話を聞き始めました。そして、神経衰弱が始まると、子ども達が一体となり、みんな楽しそうに笑顔で参加していました。

楽しい交通安全教室

その時、私は、交通警察の仕事には、このように穏やかにできる分野もあるということを知りました。神経衰弱ゲームのイラストは信号や標識などになっており、手品もペットボトルに入った水が赤・青・黄の信号機の色に変化するなど全て最終的に交通安全教育に結びつくのです。私は子ども達と同じように楽しく過ごし、また参加してみたいなと思うようになっていました。交番へ戻ると先輩は、「今日の子ども達は、目がキラキラしていた。ずっと交通教室をやってると、目がキラキラする瞬間があって、そんな時は今の仕事をやっててよかったと思える。今後、交通教室をすることがあったら、その瞬間が分かる時がくるよ。」と言われました。

その後、周りの勧めもあり、私は交通専務員となり、希望通り交通総務係で交通安全教育に携わることができるようになりました。

配置前の私も含めて、交通安全教育というのは楽しいだけの仕事のように思われがちですが、そうではありません。対象となるのは、幼児だけでなくその保護者や高齢者までと幅広く、その対象に応じて、どのようにすれば交通安全教育に興味を持ち、話に耳を傾けてくれるのか、印象に残るような指導ができるのかを考え、アイデアを出し、様々な事前準備をしなくてはいけません。

交通専務員となり、半年程経った頃、署の近くの幼稚園から園児が施設見学に来るので、その時に一人で交通教室をしてみないかと上司から言われました。自分の話し方や交通教室の進め方に自信はありませんでしたが、「せっかく機会をもらったのだからやってみよう！」そう開き直って、以前先輩に教えてもらった手品をすることにしました。

不安は消えないまま、あっという間に当日になりました。

私が話し始めると、今から何が始まるのだろうという期待のこもった目で、子ども達はこちらを見ています。がっかりさせたくないという思いで私は交通教室を始めました。そして、以前先輩がやったように、手品を始めました。水の色が青に変わると、わぁっと子ども達は歓声をあげます。さらに赤、黄と信号の色になったペットボトルを見た子ども達は「信号と同じ色や！」「すごいなぁ‼」と嬉しそうに声をあげます。

私の手品は何とか成功しました。子ども達の嬉しそうな顔を見て、私は「喜んでもらえてよかった。やってよかった。」と心から思うことができました。

私自身、子どもを持つ身となり、幼い命が悪質な運転手によって奪われたニュースを見ると、遺族の悲しみが以前にも増して理解できるような気がします。

私は交通安全教育を通じて、交通事故防止に対する意識付けをしていきたいと考えるようになりました。

交通安全教育は、目に見えて効果や実績の表れるものではありません。繰り返し行うことによって、個人の意識をいかに変え、安全に行動する能力を身に付けてもらうことができるかということが課題とされています。事故を起こそうと思いながら運転している人はいませんし、事故に遭おうと思いながら歩いている人もいません。しかし、逆に「事故を起こさないように運転しよう。事故に遭わないように外出しよう。」と思っている人も少ないと思います。ほとんどの人が無意識のうちに行動しているのです。その無意識の中にいかに身に付く教育、指導ができるのかということを常に考え、行動していかなくてはいけません。

私が先輩のような交通教室ができるようになるには、たくさんの時間と経験、それに知識が必要です。子ども達の目がキラキラする瞬間がたくさん見られるように、これからも更に努力し、交通安全教育をしていきたいと思っています。

交通事故捜査と交通安全教育のあいだで

城陽警察署　警部補　荒木　一也（四三歳）
（交通経歴　一五年一月）

「お巡りさん、事故って怖いね、事故に遭わないように気をつけるわ。」

話を終えた私へのおばあちゃんからの言葉でした。

私は、交通警察官となり約一〇年間、交通事故捜査に携わってきました。軽傷の追突事故から飲酒事故、死亡事故、ひき逃げ事件、危険運転事件等の交通事故の現場に行き、道路を這い、捜査を行ってきました。その中で、重傷ひき逃げ事件の犯人を見つけだして逮捕した時、事故状況を否認する被疑者に現場痕跡等の客観的事実を突きつけて事実を自供させた時、目撃者を捜しだし、その証言から事故状況を明らかにした時、数々の事件の様々な場面で交通事故捜査員としてのやりがいを感じ、刑事事件のような故意を立件する事件捜査よりも、間違いなく難しい過失犯を捜査しているという誇りもありました。

交通事故のないまちを願って

交通事故は一瞬です。

当事者が過失により起こした一瞬の交通事故を、車両の損傷状況や現場の痕跡等から真実を解明する交通事故捜査こそが、交通課の中で最も魅力のある仕事だと思っており、被疑者を検挙したり、被害者の思いに応えられたときなど、「交通警察官になってよかった」と感じることが多くありました。

そんな私が、昨年の異動で、交通指導係の交通安全教育担当になったのです。これまで交通事故捜査しか知らない私が、最初に行った交通安全啓発は衝撃的でした。高齢者が集まる施設での活動でしたが、一緒に行った交通安全教育担当の警察官は、そこにいる高齢者の一人ひとりに、それぞれの相手に応じて丁寧に話しかけ、交通事故に遭わないように、「道路を横断する時の事故が多いので、道路を横断する時は気をつけてね。」「夜に出かける時は、車から目立つようにしてね。」と呼びかけながら、反射材を渡したり、鞄や靴等に直接貼付していきました。本当に地道な仕事だと思いました。

日々発生する交通事故一件一件を、それぞれの当事者の立場になり捜査することや、ひき逃げ事件の容疑車両を一台一台確認していく車当たり捜査も地道な仕事だと思っていましたが、これもまた地道な仕事でした。

また、私たち警察官は、仕事として交通安全教育等を行っていますが、地域交通安全活動推進委員をはじめとする地元のボランティアの皆さんは、「地域の人たちが交通事故に遭わないように」という熱い思いで、毎日のように私たちと一緒に学校や施設へ行き、高齢者や子供に、道路の横断方法や自転車の乗り方を一生懸命教えています。また、自治会等地域住民の皆さんが、自発的に地元地域で啓発活動などに取り組む姿勢からは、「自分たちのまちの安全を自分たちで守る」という熱意が伝わってきます。そのような地元の皆さんとともに活動をしていると、「市民の安全・安心を守る」「交通事故のない安全なまちを守る」という交通警察の目的は、市民の強い願いであることを肌で感じるとともに、交通安全教育業務に対し、交通事故捜査とは異なる魅力を感じてきたのです。

そして、先輩警察官の経験や技術を教わりながら、啓発活動や交通教室を何度かこなし、交通事故捜査の現場とは違う「交通安全教育の現場」にも少しずつ慣れてくると、私なりに「交通安全教育」

というものを考え、「どのようにすれば、皆さんがもっと『交通事故に遭わないように気をつけよう』と思ってくれるだろうか。」「長く交通安全教育を経験されている先輩警察官と交通事故捜査経験しかない私が、同じように活動をしていていいのだろうか。」と考えるようになりました。そして、私にしかできない「交通安全教育」とは、これまでに交通事故捜査の現場で感じた、交通事故当事者の悲しみや後悔、交通事故の悲惨さ、被害者の悔しさを少しでも伝えることにより、高齢者や子供をはじめ地域住民の皆さんが交通事故について考え、交通事故に遭わないよう気をつけてもらうようにすることではないかと思ったのです。

そして、交通安全教室で、交通事故現場での思いを伝えながら話をしていたとき、聞いてくれていたおばあちゃんから、文頭の「お巡りさん、事故って怖いね、事故に遭わないように気をつけるわ。」という言葉をいただき、私の思いが伝わったことを感じ、また「交通警察官になってよかった。」と思えたのです。

そして、これまで魅力を感じてきた交通事故捜査とは異なる交通安全教育においても、新たな魅力を感じているところです。

一期一会の誠意

綾部警察署　巡査長　新宮　塔子（四六歳）
（交通経歴　一三年二月）

「あ、自転車教室の人や。」すれ違う小学生に声をかけられ、私は「飛び出したらあかんで。右左よく見て渡るんやで。」などと返します。

幼児から高齢者まで交通安全教育を担当していると、出会った人の分だけ顔が広くなります。例えば、小学校で年に一回は自転車教室を実施しているので、児童から顔を覚えられ、よく声をかけられます。ただ、顔は覚えてもらえたとしても、果たして指導した交通ルールや注意した内容はちゃんと伝わっているだろうかと不安に思うことがあります。

一生懸命指導しても交通事故が起これば自分がやってきたことは無意味だったのではないか、言葉が足りなかったかな……など失望感でいっぱいになってしまうのです。

ある時、年に一回だけ開催される未就園児親子に対する交通安全教室に行くことになりました。歩き始めたばかりの子供を連れた保護者が集まるサークルで、集中力が続かない子供達でいっぱいです。そんな親子が楽しみながら交通安全を学べるよう、ゲームや訓練を交えながら進行していきました。

保護者には、保護の重要性、子供から目を離さないこと、一緒に歩くときの手のつなぎ方、通行区分、自転車に同乗させる時のヘルメット着用と注意点、チャイルドシート着用、継続した声かけ指導、保護者が手本を示すこと等、子供の交通事故防止に関することはもちろんのこと、最近の交通事故情勢から高齢者の交通事故防止や夜間の安全対策として反射材やその効果を説明するなど、たくさんのことを伝えました。

真剣な眼差し

子供が一緒なので落ち着いて話を聞くことが出来る状況にあるわけがなく、子供が動きまわったり、声を出したりするような雰囲気の中での講話です。

うなずいて聞いている方もいれば、子供の様子を見ながらなので顔を向けてもらえない（耳は傾けているかもしれませんが）方など様々です。

そんな状況は想像した上でのことですが、耳に入っているのか不安だらけでの終了となりました。

そんなある日、街頭啓発活動をしていた時のことです。

「うちの子供がちゃんとチャイルドシートに座ってくれるようになったんですよ。あの時の交通安全教室でお話をしてくれたおかげです。」と私に声をかけてくれる子供連れのお母さんがいました。年一回だけ開催される未就園児親子に対する交通安全教室に参加されていた親子でした。

話を聞くと、それまでは気分によってチャイルドシートにすら座らなかったり、途中でベルトを外したりしていたそうなのですが、そんなことはなくなったとのことでした。

また、ある時は「（警察署の）受付に反射材が欲しいという方がお見えなので対応してほしい。」と言われ、出て行くと見覚えのあるAさんと子供、そしてもう一人Aさんの母親（高齢者）の計三人がいました。

「先日、反射材のお話を聞いて私（Aさん）の母にも身につけてほしいと思い、今日は近くまできたので寄ってみました。」とのことでした。

たすきやキーホルダーなどの種類の中からご本人が気に入った反射材を持ち帰られました。

あんなにざわついた中での交通安全教室であったにもかかわらず、しっかり耳を傾けて理解してくれたことが嬉しく思いました。やるべきことを熱意を持って取り組めば、相手に響くのかなと少しだけ安心が得られました。

当然、このような好事例ばかりではなく、右から左に聞き流すような人もいるでしょう。相手がどうであれ、「命の大切さ」を府民の皆様に伝える重要な職務に、責任を持って取り組みたいと思います。

警察の仕事は、厳しく辛い中にもやり甲斐を感じられる大切な業務ですが、その中でも「交通安全教育」は、感謝を感じられる仕事の一つです。

交通事故は突然起こります。朝、元気に見送った人が帰らぬ人になってしまうかもしれません。残酷な別れとなります。被害者にも加害者にもなってほしくありません。

何度も出会える人や継続的に指導を受ける機会のある人は、伝える手段がありますが、府民の多くは、年に一回交通安全教育を受けるか受けないかではないでしょうか。

「一期一会」一生に一度の出会いであるかもしれません。誠意を持って交通安全を伝えていきたいと思います。

交通警察官に出来ること

交通規制課　巡査部長　箟　紘子（三四歳）
（交通経歴　一〇年一〇月）

交通警察の目指すところは「交通死亡事故ゼロ」。交通警察官であれば誰もが一度は口にした事がある言葉ではないだろうか。

私も、頭では理解していたが、真に心とその言葉がリンクし始めたのはある事件を境にだったと思う。

私が警察署の交通事故捜査員として勤務していた時の話である。私は、事故捜査員としていくつかの現場を乗り越え交通捜査員としても少し自信を持ち始めた頃だった。

その日はいつにも増して取り扱い案件が多い日だったと記憶している。

夜八時頃、別件事故の取り扱いを終え相勤者と「ようやく一息つける。」と警察署に戻る途中、無線が緊急時の音を発した後「ひき逃げ事案が発生。現場は……」発生現場は私たちの今いる場所から目と鼻の先のところであった。私は相勤者に「近いですね。急行しましょう。」と声をかけると、相勤者も「はい。」とだけ答えた。それ以上、互いに言葉を発することはなかったが、お互いが緊張していることを肌で感じていた。

現場に到着すると、そこは片側二車線の大通りで、道路には無残に変形した自転車が一台倒れているのが目に入った。まだ、救急車も現場には到着しておらず、道路の中央付近には黒山の人だかりが出来ていた。私たちがその人だかりの先を目指すと、被害者と思われる若い女性が倒れており、その姿は今でも鮮明に思い出す事ができる。

仰向けに倒れている女性は寒い時期であったため厚着であるにもかかわらず、無残にも着衣はそこら中が破れ肌が露出していた。さらに足は本来とは明らかに違う方向を向いており、薄く開かれた目からは、涙が出ているように見えた。

女性に駆け寄り「大丈夫ですか！」と声をかけると、被害者の女性はただ「痛い。痛い。」と消え入りそうな声で繰り返すのみであった。

私はその時「悲しい」「怖い」「悔しい」の一言では言い表せない感情がこみ上げてきて、まるで被害者の感情に捕らわれてしまったかのように、しばらく動けなかった。ほんの数秒のことであったと思うが、とても長く感じた。すると、被害者の女性の傍らで声をかけ続けていた中年の女性が

「おまわりさん来はったで！　もう大丈夫やで！」

と被害者の女性に励ましの声をかけると、彼女はかすかにうなずいた。

私たちに医療行為が出来るわけはなく、彼女の痛みを和らげてあげる処置をしてあげられるわけではないのに、彼女は私たちの存在に何かを感じてくれたのだと感じた。

「そうや！　私たちしかいない！」

そこには現場到着時に胸にあった「不安」や「恐怖」等という感情一切が消えていた。あるのは「被害者のために」「悪質な被疑者を許さない」という思いだった。

その後まもなく被疑者を逮捕し、取調官としての大役を任せられることとなった。そこにも不安はなく「被疑者にとことん向き合ってやる。言い逃れさせない。」という思いが、疲れた体にまるで栄養剤のように染み渡り私をつき動かした。

被害者の女性は、背骨骨折等で全治に半年も要する重傷を負っていたものの、手術は成功し回復を待つだけの状態であるという知らせが届いた。重傷であることに間違いはないが、命に別条がないと

分かり、ホッと胸をなでおろすとともに、あの時の被害者の姿を思い浮かべながら安堵し「もう二度と交通事故に遭わないでね。」と切に願った。そして同時に、取調べにおいて、涙しながら後悔の念と謝罪の言葉を何度も口にした被疑者に対しても、もう二度と交通事故を起こしてほしくないと願った。

被疑者の中には、刑事罰や行政罰等のしかるべき処分を受け、交通社会に復帰する者もいれば排除される者もいる。誰もが、道を歩けば、一歩外に出れば、どのような立場であっても交通社会の一員となる以上交通事故とは無縁ではない。交通事故は起こそうと思って起こすものではない過失犯であるがゆえに、誰もが被疑者になり得る。

交通事故を起こした原因について、事故当事者自身も気づいていないような場合すらある中で、被疑者・被害者を問わず当事者に自分の過ちを気づかせ、二度と同じような事故に遭わない遭わせない、起こさない起こさせないように指導することが私たちの責務である。

交通警察には交通事故捜査の他に、交通規制や交通安全教育、交通指導取締り等の仕事があるが、いずれの立場でも私たちは交通事故を抑止するという目的があることに変わりはない。時に、関係者と意見を戦わせることもある。しかし私たちは、「悲惨な交通事故を一件でも減らす。」という強い意志を持って仕事に取り組み、それが、ある日突然愛する人の命を奪われたり、消えない傷を負った人たちの無念の気持ちに応えることだと強く思う。

ある違反者との出会い

向日町警察署　巡査部長　小山　彩子（二九歳）
（交通経歴　一年一一月）

私はいつもどんな取り扱いをしたときでも、最後にこのように声を掛けることにしている。

それは、取締りの現場であっても、駐車違反の出頭で来署したときでも、また駐車苦情の相談で来署したときも同じようにしている。

私が、このように声を掛けるきっかけになったのは、私が交通指導係に配置となり少しずつ慣れてきた頃に対応した違反者の存在があったからだ。

いつものように早朝取締りをしていると、これから現場に向かうのであろう一台のダンプがシートベルトの違反として告知場所に入ってきた。

違反を知らせる無線を聞いていた私は、いつものように点数切符を用意し、停止係によって停止場所である駐車場に誘導されてきたダンプの運転手に声を掛けようと、近づいたところ突然、

「さっきまでしてたんや！」

「お気をつけて。」

「しょうもないことしやがって。」

と怒鳴り立て、運転免許証の提示を求める私に向かって免許証を投げつけてきた。

私は、心の中で「またやっかいな違反者がきたな。」「早く終わらせてしまいたい。」と正直思いながらも、こちらが熱くなれば収拾がつかなくなると思い、努めて冷静に運転免許証を拾いながら、運転手に向かって
「お手数ですが、車の大きさを記載しなければならないので車検証もお願いします。」

と運転手に向かって申し向けると、なおも
「ちょっとのことやんけ。」

「これで点数無くなって仕事クビになったらあんたのせいやしな！」

とまくし立ててきた。

私は、少し事務的かなとも思いながらも、必要事項を聴取し、点数切符に記載していき、運転手に向けて告知を行おうとすると、運転手は
「こんな少しのことで切符切られるか。しょうもない。」

「他にもっと悪いやついるやろ、なんでそういうやつを捕まえずに、善良な市民を捕まえていじめるんや。」

「こんなん認めんぞ。」

と抗弁してきたので、冷静にしていた私も少し「カチン」ときてしまい、運転手に向かって

「お話を聞いていると、これまでにもベルトで切符を切られているようなので、ベルトをしなければいけないのはよく分かっていますよね。」

「仕事が無くなる前に運転手さんが事故で命を落としてしまえば、意味がありませんし、悲しむ人もたくさんいます。」

「事故なんてしないとおっしゃいましたが、自分が気をつけていても相手が突っ込んでくるかもしれません。」

「交通事故は事故してやろうと思ってする人なんていません。誰でも遭遇する可能性があるんです。」

「だから私たちは取締りをしているんです。」

と強い口調で言ってしまったのです。

私は「しまった、つい言い過ぎてしまった。逆上されたらどうしよう。」と思いドキドキしながら改めて告知をしようと切符を差し出した。すると運転手は落ち着きを取り戻したのか、素直に切符を受け取り、署名をしながら私に向かって
「姉ちゃんが言ってることはよく分かった。」

「自分がしたことに腹が立って八つ当たりしてしまったんや。」

「怒鳴ってすまんかったな。」

と急に冷静さを取り戻したようだった。

私も
「ちょっと言い過ぎました、すみません。でも運転手さんにはこの先も事故に遭ってほしくはないんです。」

と署名された切符を受け取りながら伝えると、

「姉ちゃんも大変な仕事してるな、頑張れよ、ありがとう。」

と逆に励まされてしまった。「頑張れよ。」などと言われたことなどこれまで無かったし、ましてや違反者から「ありがとう。」と言われるとは思ってもみなかったので、少し不思議な気分になった。

私は、それまでにも何度も切符を切ってきたけれど、少しずつ慣れてきたこともあり、感情的になる違反者が来ても事務的に淡々と告知をしてしまっていたように思う。しかし、今回この運転手の対応をしたことによって、実は心の中で溜まっていたもどかしい思いが吹き出したように感じた。

この運転手を送り出すとき、

「この先もお気をつけて。」

と自然と私の口から出てきて、とても晴れやかな気持ちだった。

どんな運転手に対しても同じように対応したらいいというものではないが、きちんと心を込めて思いをぶつければ、伝わると感じた出来事だったし、切符を切られて気持ちのいい運転手なんていないと思うが、私は少しでも気分よくこの先も運転してほしいと思っている。

だからこの先も私は、どんな違反者であっても心を込めて「お気をつけて。」と声を掛けていきたい。

交通警察で学んだこと

交通機動隊　警部　梅田　学（四一歳）
（交通経歴　一六年）

私は、現在白バイ、交通パトカーを駆使して交通指導取締りを行う交通機動隊で隊長補佐として交通事故の発生実態に即した活動の推進、隊員たちの安全管理を主業務に日夜、交通死亡事故、交通事故の発生を抑止するため、若手隊員とともに業務に取り組んでいます。

若手隊員たちは、時には現場で心ない言葉や罵声を浴びせられても

自分たちが交通事故を一件でも減らす

という強い思いをもって道路という戦場で戦っています。

私も隊員として交通機動隊で勤務した経験を持っており、私の交通警察官としての原点は、この交通機動隊にあり、交通機動隊に育ててもらったと言っても過言ではありません。

今から二十数年前、交通経験も無いまま私は、交通機動隊のパトカー小隊の一員となりました。一員になったとはいえ、交通に関する知識はなく、地方出身者で京都の地理が分からないなど正直、勤務日が憂鬱で仕方ありませんでした。

一緒に勤務する先輩方は、超一流の運転テクニックを持つ方ばかりで、自分の運転テクニック、センスの無さに落ち込む一方でした。

ある日の取締りで違反者に違反内容を説明し、告知をしようとしたところ、明らかに私より年齢が若いその違反者が違反事実を認めないばかりか、悪態をつき、私を挑発するような言動を繰り返したのです。

私は、何を言われようとも

　違反は、違反。淡々とやるしかない。

と怒りを抑えながら、違反内容の説明、以後の手続を説明し、手続を終了しました。

この取扱いを終え、また警らを始めたのですが、しばらくして相勤の先輩が、

「さっきの違反者これから気をつけて運転するやろか。」

と私に尋ねてきました。私は、

『たぶんまたやるでしょうね。また捕まえないと。』

と話したところ、先輩は、

「じゃあ、さっきの取締りは意味がない。何のためにお前は取締りをしてるんや。」

と目が飛び出るほど厳しく指導を受けました。

交通取締りは、運転者に警戒心を与え、安全運転に努めさせるとともに、違反をした者には、反則金や行政処分点数を付加するという制裁的な処分を科します。しかし、それだけでは、違反者に反省を促し、安全運転を心がけさせることはできません。

先輩に言われて一番ショックだったのが

「お前は、違反の危険性、事故の怖さを考える機会を奪った。」

と言われたことでした。私の取扱いは、まさに機械的な取扱いであり、違反者は、反則金や行政処分点数のこと、取締りへの不満だけしか考えなかったと思います。

今の技術であれば、全自動交通取締りも可能かと思います。しかし、そんな時代でも警察官が取締りをするということは、

対応した警察官が、自らの言葉で危険性を伝え、二度と違反を犯さないように違反者の心を動かさなければならない

からだと私は、考えました。

人の心、気持ちを変えることは容易ではないかもしれません。しかし、そのきっかけを無駄にしてはいけないのです。

先輩から教わった教えを守り、私はこれまでやってきました。そしてこれからもこの教えを忘れず、あきらめずにやっていきます。

それが、交通警察官である私の使命であり、誇りだと思います。

今日も、元気に隊員たちが警らに出発します。無理せず、事故のないようにしっかり頼むぞと隊員を送り出します。

私のような未熟な隊員はいないと思いますが、もし、隊員の中で自分たちの活動に疑問や無力感を感じることがあったら、目が飛び出るほど指導をしようと思います。

一生懸命自分の思いを伝えなさい

と。

我々の活動に無意味なことはありません。それどころか人の心を変えることができるほど尊い仕事です。私は、その仕事を任せられているということに誇りを持ち、交通警察官の使命を全うします。

俺、ガレージ持てへんの？

川端警察署　警部補　藪内　弦（五一歳）
（交通経歴　二三年一〇月）

一　交通許認可窓口

私は以前、交通許認可窓口担当者として勤務していたことがあります。皆さん、「交通許認可窓口」って一体何をするところかご存じでしょうか。

この窓口は、通行・駐車・制限外積載などの各種許可や駐車禁止除外指定車標章・保管場所証明などの申請受理・交付といった府民の生活に直結した重要な業務を行っている関係上、警察でも重要なポストとなっているのです。

二　権利と義務

人間、誰しもしたいことはしたいし、また、したくないことはしたくないのは当たり前だとは思いますが、物事を自分のしたい放題にやり、やりたくないことは誰か任せで良いとすると、どこかで誰かが迷惑を被るのが「世の中の常」です。

窓口は府民の皆さんとのふれあいの場

ですから、世の中においては「ある一定の決まりごと」を定めて、これを守れる時に、しても良いとのお墨付きをもらってしたいことができる、といったシステムを作って、皆が公平に、そして適正に物事を行うことができるようにしています。これが「許認可」というシステムなのです。

　このように、世の中では、自分がしたいこと（権利）と、したいことをするための守るべきこと（義務）が確立されており、交通上の様々なルールを守るための証明や許可をするのが、「交通許認可窓口」の仕事なのです。

　中には、常日頃から証明や許可を受けるための手続要領を熟知され窓口に来る方もおられますが、窓口に訪れるのが初めてという方が大半であり、その中で、様々な人生ドラマを垣間見ることがあります。

三　ある青年の独り言

　交通許認可窓口で勤務していた時のことです。私の目の前に、見るからにやんちゃそうな青年が現れ、開口一番「ガレージちょうだい！」と言ってきました。私は呆気に取られ「どういうことですか。」と言うやいなや、彼は「俺、ガレージほしいねんけ、ガレージなかったら車乗れへんて先輩に言われたさかい、早よちょうだいな！」と矢継ぎ早に言ってくるではありませんか。

私は彼に、「警察があなたにガレージあげるんとちゃうで、あなたがガレージ見つけてきて、そのガレージを使えるように手続していくんやで。」と伝えると、彼はポカーンとしたような顔で私を見て「俺、ガレージ持てへんの？　ほな、どないしたらええの？」と聞いてきたので、一通りの手続要領を説明することとしました。

しかし、先程の様子からして、普段通りの説明をしたところで理解してもらいにくいと判断した私は、一枚の白紙を取り出し、図解しながら手続要領を説明し始めました。「ええか、あなた車乗りたいんやな？」「そうや。」「そしたら、どうやったらあなたが自分の車持って乗ることができるようになるか説明するな。よく聞いてや！」「うん、分かった。」私と彼の心がシンクロした瞬間でした。

そうなると話は早いもので、なぜ申請する必要があるのか、そして申請書面はどのようにして書けばよいのか等々、私が白紙に図面を書きながら行う説明にうなずきながら彼は理解を示していったのでした。

一通りの説明を終えたところで、彼に、自分で申請要領を説明してみるよう申し向けたところ、彼は淀みなくスラスラと教えた通りの要領を説明してみせたので、私はつい、「あなたやるなぁ、完璧やで！」と言ったところ、彼は真っ赤な顔をして一言「何か、めっちゃ嬉しい。ポリさんに褒められた！」と言って満面の笑顔を浮かべていました。

それから、必要書面を手渡した後、彼は嬉しそうに署を出て行き、数日後、改めて書面を持って来署した時に、私に向かって一言、「俺、今までめっちゃやんちゃしてたんやけど、ポリさんに褒められてから嬉しなったし、やんちゃやめるわ。親に褒められるより嬉しかったわ。」と言って、申請書面を提出してきたのでした。言われた私も照れくさくなりましたが……。

四　窓口担当者冥利

こうした府民とのふれあいはそうそう起こるものではありませんが、彼は彼なりに悩み、自分がしたいことをするのにどのようにすればできるようになるのかといった「答え」を求めに窓口に来たのです。

その「迷える人達」に正しい道筋を示し、教え、そして申請や届出といった「思い」を滞りなく申請できるよう助言をすることが、我々窓口担当者に課せられた使命、と言えば少々大袈裟かもしれませんが、そうすることで人を喜ばせることが、ある意味「窓口担当者冥利に尽きる」ことなのかなと思うのです。

少しでも、我々の業務が府民の皆さんにお役に立てれば幸いであると信じ、今日もやるべき仕事をこなしつつ、安全・安心を実感できる京都のまちづくりの一端を担っていきたいと思います。

少年事件で感じたこと

下京警察署　巡査　村田　佑介（二九歳）
（交通経歴　一年一一月）

「どうせ信じてくれへんやん。」

ある事件の取調べで、被疑少年から言われた言葉である。事件の概要は、少年グループによる集団暴走事件で、第一種原動機付自転車に分乗した少年らが、集団で赤信号突破を敢行した共同危険行為等の禁止違反被疑事件で、私は暴走族事件合同捜査本部に応援要員として招集されていた。

応援派遣から約四か月が経過して、捜査は順調に進行し、少年グループの構成員を一人ずつ検挙していき、ついに最後の一人にたどり着いた。

逮捕当日の早朝、少年宅に向かう捜査車両の中では、いつもより少し重い空気が流れていた。なぜならこの日、逮捕予定の少年は、これまでの取調べで、共犯者から「あいつは悪あがきしよるで。なんか知らんけどめっちゃポリ嫌いやねん。」というような話を聞いていたからである。上司も「こいつは否認しよるかもなぁ。」とつぶやく中、少年宅に到着した。

被疑少年の母親に事案概要を説明の上、少年宅に立ち入ると、少年は自室で就寝中であった。寝起きの少年に対し、現場責任者が「○○君やな、いつの暴走かもう分かっとるな。」と声をかけると、少年は、すでに仲間が順番に逮捕されている事から、「あぁ、みんな逮捕されてるやつやろ。」とすぐに分かった様子であったが、暴走事実については、「でも、俺はその日行ってへんしな。」と否認した。

予想通りの答えではあったが、正直、私は「やっぱりか、反省していないな。」と思った。なぜなら、この事件に関しては、すでに追跡パトカーのビデオ映像解析もしており、共犯者の供述等からも、この少年が事件に参加しており、むしろ、この少年が事件の中心的人物であることは明らかであったからである。その後、少年宅の捜索・差押えに際しても、少年は反抗的な態度を崩さなかったが、苛立ちを押さえて少年を説得し、なんとか本署への任意同行に至った。

この日、私は、少年の身上に関する調書を作成する予定であり、上司とともに取調べを開始した。少年は自身の生い立ちについては素直に回答するが、上司が被疑事実に関する話をすると、すぐに「知らん。」「分からん。」などと答え、しまいには黙り込んでしまう状態であった。

上司は辛抱強く、様々な角度から少年の供述を得ようとするも、だんまりを決め込む少年に対し、次第に焦りと苛立ちが見えてきて、ついには取調べ室から退席してしまった。

しかしこの時、私には少年が少しひるんだというか、寂しげに見え、「お、見放されたと思ったかな。」と感じた。実際には、上司は取調べの進捗状況を責任者へ報告に行っただけであるが、せっかくなので、私は少年に聞いてみることにした。

「なぁ、なんで答えへんの。」

私にはこの少年が否認する理由が理解できなかったのである。暴走族特有の仲間意識から、仲間をかばって嘘をついたり、仲間の事を答えないのはまだ理解ができた。しかし、この少年の仲間はすでに、この少年を除いて全員検挙されており、否認してかばう相手がいないのである。

しばらく待ってみると、少年から返ってきた答えが、冒頭の台詞であった。

「どうせ信じてくれへんやん。」

私はこれを聞いて「あー、なるほど。拗ねてんのか。」と思った。そして、「なら、仲良くなるところから始めるか。」と思い、少年の生い立ちに交えて雑談がてら、偶然にも私と同じ小学校・中学校出身であるなど、こちらの話をした。すると少しずつではあるが、少年も口を開くようになり、なんとかその日は、被疑事実についての自供を得て、通常逮捕に至った。

取調べ二日目、少年鑑別所で再会した少年は、初日とあまり変わらず、口数は少なく、取調べには苦戦した。しかしながら、初日よりは心を開いてくれている感じがしたため、私が一番気になっていた「なぜ警察嫌いになったのか」を聞いてみることにした。すると、少年はポツポツと話し始め、

・　親が嫌いで夜遊びをするようになり警察の世話になることが増えた。

・　万引きやオートバイ盗もやったが、自分がやってない事件まで執拗に問い詰められたこともある。

・　そんな中で警察官は、俺らみたいなもんの言うことは信じてくれないと思うようになった。

安全確認よし！

などと話してくれた。私は少年に対し「そら明らかな嘘は信じひんけどな。」と答えつつ、その日の取調べでは上司とともに、なぜ自分が逮捕されたのか、暴走がなぜ悪いのかを理解させるように話を進め、取調べを終えた。

取調べ最終日、この日は残念ながら、私は別件対応のため、取調べに参加できなかったのだが、後日、取調べを最後まで続けた上司から、「家、近所やって教えてやったん？」と聞かれた。取調べの中で雑談がてら教えたと答えると、予想外の回答が返ってきた。上司が言うには最終日の取調べで、少年が

「もう走らへん。近所で会ったら挨拶くらいしてやる。」

と私に伝えるよう言ったそうだ。

これを聞いて私は少し目頭が熱くなった。私は普段、交通指導係で交通違反の取締りをしており、大半の取扱いは成人の違反者・被疑者を相手にしている。私はこの仕事で「理解のない違反者に、私の説得で交通安全の大切さをしっかりと理解してもらうこと」に達成感、やりがいを感じている。そんな中で、少年を取り扱う事件捜査から少し離れていたので、この言葉を聞いて、

「私の想いがちょっとは伝わったんかなぁ。」

と実感するとともに、改めて仕事にやりがいを感じた事件となった。この経験を今後の交通警察業務

に活かしていきたいと思う。

交通警察官としてのやりがい

山科警察署　警部補　吉　貴弘（五四歳）
（交通経歴　一九年）

私は、平成六年の春に交通警察官になり、以後駐在所勤務の三年間を除き、約一九年間交通部門でお世話になっています。このまま最後まで交通部でお世話になるかどうかは分かりませんが、六年後に退職を迎え、私が交通警察官として過ごした警察人生が幸せだったかと振り返るときが来たとき、はたしてどう思うだろうか。仮に私の息子が警察官になったとき、心から交通警察官を勧めることができるだろうかなどと考えることもありますが、私は、きっと「良い警察人生を過ごすことができた。」と言えるのかなと思っています。

私は大学卒業後、民間企業で約二年稼働した後、「とりあえず公務員になりたい。」という思いで警察官を拝命しました。二年ではありますが民間企業の厳しさを知っていましたので、当初「なんて労働環境の良い職場」と感じ、途中で辞めていく同期生や同僚に疑問を持つこともありました。

安全な道路を目指して

ところが、交番勤務員として多忙な日々を過ごし、また、人間関係で悩んだりする中、今度は「とりあえず専務員になりたい」という思いで、たまたま白バイ専科に入校したことが縁となり、「交通専務員として悪質な交通違反を検挙したい、悲惨な事故を一件でも減らしたい」などの強い信念もなく、交通専務員として警察人生を歩むことになりました。

交通指導係では、暑い日も寒い日も取締りに出かけ、違反者に嫌みや心ない言葉を浴びせられることも多々ありました。事故捜査係では、深夜・休日の呼び出しや、事故当事者の身勝手な言い訳などにうんざりすることもありました。

しかし、違反者から感謝や激励の言葉をかけられることもありましたし、交通事故を減少させた達成感も味わいました。死亡事故の遺族の悲しみを目の当たりにしたときは、自分の無力さを感じつつ、このような悲惨な事故を起こさせてはいけないという使命感を覚えたこともありました。

私は山科警察署で初めて交通規制担当となり、まもなく五年が経過しようとしています。異動後まもなく、祇園で車両が暴走し歩行者を次々と跳ねた事故や亀岡市内で集団登校の児童に車が突っ込んだ交通事故が発生し、通学路の危険箇所等の把握と点検のため、管内の道路状況が何も分からないまま、一か月ほど毎日バイクで走り回りました。各小学校や見守り隊などボランティア活動の方から数多くの交通危険箇所に対する交通安全対策の要望を受け、何度も現場に足を運び会合も重ねました。併せて毎週のように「信号機をつけてほしい。横断歩道を引いてほしい。通学路に車が入らないようにしてほしい。」などの要望を受けるたびに、正直「なんて忙しいところに来たのだろう。」と思いながら、仕事を「受動的に処理する」日々が続きました。

ところが勤務して三年ほど経過し、管内の道路事情がある程度把握できると、苦情や要望に対して適切な対応・回答ができるようになり、さらに、道路管理者や地元の方々との信頼関係がある程度構築されてくることで、「腹の探り合い」から「腹を割った話」ができるようになりました。三年ほど前の話になりますが、ある小学校の通学路で通行する車両の速度が速いことから、速度抑制対策について長年の懸案事項がありました。交通規制、路面標示、啓発看板設置など検討しては不採用になっていましたが、私が「思い切って道路幅員の一部を試験的に狭めてはどうか。」と提案したところ、当初道路管理者や地元の方々は難色を示しました。しかし、地元での会合等に足を運び、道路管理者も巻き込み、「何か動かないと、結局今までのように先送りになる。道路を狭めることで確かに走りにくくなるが、結果車両速度は必ず落ちる。」ということを粘り強く説明したところ、どうにか実施にこぎ着けることができました。結果は非常に好評で、恐れていた交通事故の発生もなく、車両が譲り合って通行することで速度も目に見えて落ちました。後日、京都新聞に自治会会長の「長年交通規制などの要望を出してきたが、ようやく安全対策が実現した」との投稿が掲載されたとき、達成感を感じるとともにやりがいのある仕事であることを実感しました。

この春、山科警察署での勤務が丸五年となり、おそらく異動になると思います。地元の方から、

「せっかく腹を割って話せるようになると警察は異動があるな。」

「吉さんがおるから……義士まつりの交通整理は安心できていたのに。」

「一〇年ぐらい山科警察署で勤務できるよう署長に掛け合おうか。」

などと言ってもらえると本当に嬉しく、仕事に前向きに取り組めば、周りの人は正しく評価してくれるのが交通警察の魅力と感じています。

残りの警察人生は、府民の期待と信頼に応えることはもちろんのこと、後輩に対してこの「交通警察の魅力」を伝えていきたいと思います。

全国に広がれ、交通事故根絶の願い

交通企画課　警部補　澤井　純（三八歳）
（交通経歴　九年一一月）

あなたは、警察署に咲くひまわりを目にしたことがありますか。

そのひまわりに込められた願いを知っていますか。

平成二八年夏、全国の警察署や運転免許試験場等で、たくさんのひまわりが大輪の花を咲かせました。

ある家族の交通事故根絶の願いが込められたひまわりが……。

平成二三年秋、ある家族を襲った悲劇。家族には当時四歳になる陽大（はると）君がいました。いつも陽気で明るく、みんなを笑顔にする男の子でした。

「にぃにの所に行く。」

陽大君はお兄ちゃんが遊んでいるところへ行くため一人で家を出ました。前日に足を骨折した母は、陽大君について行くことができませんでした。

「道路の端を歩きなさいよ。」

これが最後の言葉となってしまいました。

自宅からの距離はわずか二〇〇メートル。いつも両親の言いつけをしっかりと守る陽大君は、この日も母の言葉どおり、道路右端を一人で歩いていました。しかし、陽大君の背後から襲ったのは車重二トンにもなる鉄の塊。

ひとたまりもなく押し倒された陽大君。懸命の祈りも虚しく、交通事故から一時間半後、一つの命の灯火が消えました。

命の輝き

警察署の霊安室に横たわる小さな体。泣き崩れる母。大粒の涙を流しながらも気丈に振る舞い、必死に妻を介抱する夫。誰しもが目を背けたくなる現実。

「なんでこんな小さな子がこんな目に……。」

気が付けば、私の目からは止め処なく涙が溢れていました。

未来ある小さな命を奪った交通事故。私にできることは、事故捜査に力を尽くし、何としてでも陽大君の無念を晴らすことでした。

捜査経過の説明のために訪れた自宅には、たくさんの陽大君の写真。満面の笑みを浮かべた陽大君。今はもう、写真でしか見られないその笑顔に、自然と涙が溢れました。

「霊安室でも泣いてくださっていましたね。陽大のために泣いていただいて、本当にありがとうございます。」

感情のままに流れた私の涙が、母にとっては嬉しかったと聞きました。

捜査が終結し、自動車運転過失致死罪で起訴された被疑者は、終始自己保身のための弁解に明け暮れ、反省が乏しいとして、求刑を上回る実刑判決を受けました。しかも、執行猶予の付かない実刑判決を。

懸命の捜査が報われた気がしましたが、陽大君が戻ることはありません。家族の悲しみが癒されることもないのです。

幸せいっぱいの生活が、一瞬にして地獄へ突き落とされる。それが交通事故の恐ろしさなのです。

裁判が終わり、自宅を訪ねると、庭に大輪のひまわりが咲いていていました。

「陽大が幼稚園で育てていたひまわりなんです。」

事故の数箇月前、陽大君が幼稚園から小さな手いっぱいに握りしめて持ち帰っていたひまわりの種。

「春になったら、一緒に植えようね。」

ご両親と陽大君が交わした約束は、永遠に果たされることはありません。

私が人事異動の挨拶で自宅を訪ねた時、ご両親から、

「陽大のひまわりから採れた種なんです。来年も咲かせてくれませんか。」

「陽大が生きていた証を残したいんです。このひまわりがあちらこちらで咲けば、陽大も色んなと

ころへ行けると思うから。」

陽大君とご両親の想いが詰まったひまわりの種を託されたことに、一瞬戸惑いを覚えましたが、その強いご両親の想いに応えてあげたいと思うと同時に、これまでにないような喜びを感じました。警察官として、一人の人間として信頼していただいたということに。

このひまわりは、私の自宅や、異動先の警察署で大輪の花を咲かせ、「ひまわりの絆プロジェクト」として平成二七年夏に京都府下全警察署に広がりました。

そして平成二八年夏、陽大君のひまわりは、京都から全国の警察本部に託され、全国の警察署や運転免許試験場で大輪の花を咲かせたのです。

「交通事故で命を落とす人がなくなりますように。」

陽大君のひまわりに込められた両親の切なる願い。

あなたも目にしているのかもしれませんね。

最高の励まし

交通企画課　警部　福平　真治（四九歳）
（交通経歴　二〇年）

高校生の陸上ランナーなら誰もが憧れる「全国高校駅伝競走大会」、華やかさの一方で、交通警察官には非常に厳しい仕事の一つである。

チームが無事にゴールして当然で、全国中継もあり、失敗は絶対に許されず、一人のミスが選手のこれまでの努力を無にしてしまうほか、大会運営に影響を与えることとなる。警察官になり立ての頃は、走路の手前での交通規制に従事することが多く、規制解除を待つドライバーからは、「いつまで待たせるつもりだ。」「仕事に間に合わなかったらどうしてくれる。」など怒号が飛び交い、対応に四苦八苦し、寒さと苦情に耐え、ミスをしないように、無事に終えることだけを考えて、仕事に就いていた。

ある年の暮れ、私は大会の主要走路の現場責任者として従事していた。以前よりも格段に責任は重くなり、大会運営に支障を来さないよう、無事に競技が終了することへの思いを強くしていた。つまり、大会関係者と何ら変わらぬ姿勢で取り組んでいたつもりであったが、後に、大切なことが欠けたまま従事していたことに気付かされる事案が発生した。

女子の部が無事終了し、男子がスタートして間もなく、現場で規制確認をしていた私の携帯に連絡が入った。

「部下の◯◯係員が車で選手と接触したようです。ケガはないようですが。」

一瞬、我が耳を疑った。電話の内容から、中継地点付近で降車する際にドアを開けると、ウォーミングアップ中の選手と接触し、転倒させてしまった、とのことであった。走路は交通規制中で、選手のアップも禁止されており、人がいるはずがないと油断をしていたことによる接触事故であった。幸い選手にケガはなく、すでにタスキを受けて、棄権することなく競技続行中であり、事情聴取などは大会終了後でないと不可能な状況であった。

大会中も気が気でなかった私に、一部の大会関係者から「監視が足りませんでした。幸い選手交代することなく元気に走ってくれていますので安心してください。」との労いがあった。とはいえ、十分な確認もせずに降車した警察官の責任が逃れるものでは決してなく、とりあえず直接会って謝罪し、事後は法律に則った対応をしよう、上司に報告しながらそれだけを考えていた。

大会は、無事終了し、その選手が所属する学校の監督に電話連絡をとった。返ってきた答えは意外にも「本人は何ともありません。自己ベスト記録も出ましたし、気になさらないでください。来年も絶対に出場しますから、また御協力願います。」と、何事もなかったような返事で本人の連絡先を聞けただけで、事故については、不問にしたいとのことであった。

ケガがなかったことは幸いであるが、それは偶然のことであり、せめて本人とご両親には謝罪しなければと思い連絡をとると、大晦日なら帰省しており実家近くで会えると返答をもらった。その選手は中学生の頃からある県を代表する陸上選手であり、将来は箱根駅伝出場を嘱望され、越境留学している次世代を担う高校陸上界のエースであった。万一の場合、取り返しのつかないことになっていた、と思う反面、ケガがなかったことに安堵を覚えていたことも事実であった。結果に、楽観視していた、甘えがあった、と今思えば反省している。

部下と二人で、待ち合わせの喫茶店でお父さんに会い謝罪したところ、店全体に響き渡る声で怒鳴られる、思いもかけない事態となった。よく考えれば当然のことで、大切な息子を危険な目に遭わせたのが警察官であった。私が逆にその立場でも同じ気持ちであっただろう。しかし、お父さんは、話を重ねるごとに心を開いてくれ、私が「早朝や夜間の交通事故に遭わないために練習に使ってほしい。」と部員用に用意した反射タスキを手にされた時には、厳しい表情であったその表情が初めて緩み、「息子のことだけでなくそこまで考えて来てくれたのか。」と喜んでくれ、「これは君の気持ちとして監督に渡しておく。ありがとう。」と全てを許してくれた表情ではなかったが、気持ちが少しは通じたものと思えた。その後、お父さんとは電話やメールを通じて、選手や陸上部の近況報告を受けたり、「○○大会に出るから応援してくれ。」といった要請を受ける関係になっていった。そして一年が経ち、大会直前の年の暮れを迎えた時、私は、他官庁に派遣される身分となっていたが、そこに、選手の陸上部の総監督で、箱根駅伝を指揮する著名な監督が、異動先を探し当て、訪ねて来られた。

戸惑う私に、「この一年、親御さんに丁寧に対応してくれましたね。ありがとう。交通事故は、あってはならないことではあるが、その後の対応は、お父さんから聞き、学校関係者も感謝している。」と話してくれた。「本当はうちの選手も悪いところがあったと思う。けれど、あなたはそのことに一切触れず、お父さんに真摯に謝罪し、そして応援し続けてくれた。今日、会いに来たのは、感謝の気持ちと同時に陸上競技会を代表して、あなたに大切なことを伝えたい、そう思って来た。全国の陸上競技をする高校生が、冬の都大路を目指して努力している。でもあなたたちには大きな負担でしょう。長時間にわたる交通規制でいわれのない抗議も受けるでしょうし、とにかく普段の業務で疲れているのに、寒さも厳しくいいことなんて一つもないでしょう。でもあなたたちは、毎年完璧に仕事をしてくれる。だから、何の不安や心配もなく選手は都大路を目指して、努力をするし、私たちも指導ができる。陸上関係者は京都府警の皆さんに感謝してもしきれない。仕事だから当たり前だ、なんて思っている陸上部の監督や選手は一人もいない、本当のことです。そして、ミス以上のフォローをしてくれたことに感謝しています。」と、思いもよらない言葉をいただくとともに、これまで交通警察官として路上競技に従事してきて、初めて陸上関係者の声を聞いたうれしさと同時に、私は、いままで自分がどういう気持ちで駅伝などの路上競技に接していたか、恥ずかしさを覚えた。

私のこれまでの仕事は、任務完遂という点では、ミスのないよう努めていたが、交通のプロとして大切な「心」が足りなかった。都大路を走る高校生の心を感じながら従事しよう、完璧な交通規制は当然だが、心を込めて、応援する人、規制により不便を生じる人など全ての人たちの気持ちも考え、組織みんなで従事しなくては、と心を新たにした。

とはいえ、交通警察官の全てが、路上競技に従事するわけではないし、私自身もこの数年街頭に立つ機会はなかった。しかし、普段から府民の交通マナーを高め、交通事故を一件でも少なくし、安全・安心な京都の交通を目指すことで、貢献ができると考えている。京都は駅伝発祥の地であり、多くの路上競技が行われる。

「京都がいつまでもランナーの憧れの地であるよう、交通警察のプロとして日常の仕事を大切にしよう」そういう思いで日々努力することを心に刻んでいる。

私が思う交通警察の魅力

山科警察署　巡査長　柳生　由紀（四一歳）
（交通経歴　二〇年）

「ありがとうございました。」

警察官が府民の方からこの言葉を受けるのは、犯人を捕まえて被害者や関係者から感謝される時、盗まれたものを被害者の手元に戻した時、困りごとに対応した時など、主に被害者や関係者からかけられる言葉です。しかし、その他にも交通事故等の未然防止のための交通教室等を実施した時にかけられる言葉でもあります。

私は、交通安全の意識を高め一件でも交通事故を減少させるため「交通安全教育」を担当し、約二〇年になります。「交通安全教育」というと、紙芝居や人形劇を使って、楽しそうだなぁと思われる傾向にありますが、実は、楽しいことばかりではありません。

交通事故の特徴や対象年齢の特性などを考え、「交通安全教育指針」に基づき、対象年齢によって話し方や話の内容も変えます。実施場所によっては座る場所にも気を配ります。何十人という対象者を動かす場合には頭でシミュレーションし、図面に落とし、同僚と連携しながら交通教室を実施します。質問等の答えには分かりやすく説明をする話術も必要です。限られた時間内に交通法規を説明し、いかに一人ひとりが交通安全の意識を高めそれを実践してもらえるか。これが私に与えられている責務です。

しかし、たとえ個人の交通安全意識を高めることができたとしても、目でその成果を図ることはできません。本当に自分の仕事が必要とされているのか、私の言葉は交通安全教室を受けてくださる方の心に響いているのか疑問に思うこともありました。

そんな時に、私の気持ちを吹き飛ばす出来事が起こりました。

それは、私が交通安全ボランティアと共に街頭啓発活動をしている時

「柳生さん、お久しぶりです。」

と声をかけられました。その方は、私が数年前に幼稚園で親子交通教室をした際に参加されていた方で、現在子どもさんは小学校高学年になられているとのことでした。その方は笑顔で「子どもは今もあの時の柳生さんの言葉を覚えていて、ちゃんとルールを守って学校に行ってるんですよ。あの時にお会いし話を聞けてよかった。ありがとうございました。」

その言葉を聞いて、心が弾み、嬉しくなり、そう、交通安全教育の醍醐味はここにあるのだと感じました。

必要とされている場所に赴き、交通安全の話をすることで「交通ルールを守る」という気持ちの花を開かせること。花が咲いていれば咲き続けられる言葉の水を注ぐこと。周囲の大人が見本となり肥料となり、大切に育て、成長させる言葉をかけることが大切なんだと感じました。小さな花がたくさん集まれば花束になります。そうして交通安全の意識が高まり広がるのだと感じました。そう思えれば、何事にも前を向き交通安全教育をすることができ、やりがいも感じることができました。

交通課は、刑事課や生活安全課のようにクローズアップされる事件は少ないです。しかし、府民の生活に身近な交通事故を防ぐために交通取締り、交通規制、安全教育等それぞれの持ち場でコツコツと一生懸命責務を果たし成果を上げています。そして、係同士の横の連携を大切に、明るく、笑いがあるのが交通課の魅力。女性がたくさん活躍をされているのも魅力です。女性の〝やさしさ〟〝しなやかさ〟〝話術〟が発揮できる交通安全教育、許認可業務、交通取締り、交通事故捜査等。

しかし、ひとたび死亡事故が発生すれば、交通事故捜査係を中心として男女問わず課全体で取り組むこととなります。被害者の無念を想い、昼夜問わず任務を遂行する姿は同じ交通課員でありながらも〃さすがだな〃と感じます。

そんな交通課員の一員として、私ができること、若い方々ができること、ベテランができること、それぞれができることに精一杯取り組み、「交通死亡事故を一件でも減少させる」という目標に向かって今日も頑張らなければいけないと思います。

交通課長になって改めて知る交通警察の素晴らしさ

城陽警察署　警部　大橋　尚美（四二歳）
（交通経歴　一一年三月）

交通課長になって、企業や会合等様々なところで、交通安全講話を行うようになりました。講話の中で、「交通事故に遭わないようにしてください。」と呼びかけ、「警察も交通事故防止の取組に全力を尽くします。」と言いながらも、結局どうすれば市民の交通安全意識が高まり、どうすれば交通事故が減るのかと思い、集まっている皆さんに、「どうすれば皆さんが交通安全に対する意識を持って、どうすれば交通事故が減ると思いますか？　警察は何をすればいいですか？」と、反対に聞いてみるようにしています。

そこで一番に出る答えは、「警察官の姿」と「取締り」です。意見を聞き始めると、堰を切ったように、「そら、もっと取締りしたら違反する人は減るし、交通事故も減るで。警察官やパトカーを見たら、やっぱりみんなドキッとするわ。」「そういえば、前はあそこでよく取締りしてたけど、最近してないね。違反する車も多いし、また取締りをしてほしいわ。」また、逆に「最近パトカーが走ってるのをよく見かけるようになったわ。どんどん回ってほしいわ。」等と言われ、取締りに対する市民の関心の高さを感じます。

支えてくださる心を糧に

複数の企業の管理者が集まる会合に行ったときにも、皆さん口を揃えて、「そら、取締りやで。」と言われました。私が、「分かりました。では取締りを強化しますので、皆さんの従業員の方が取り締まられないようにしてくださいね。」と言ってみたところ、「私らも、従業員が交通事故に遭わないように、安全運転教育をしていますが、自分のことと受け止めさせ、ルールを守らせることは、なかなか難しいと感じています。私らの従業員も含めて、ルールを守らない者はどんどん捕まえてください。それが一番こたえるんです。そうすれば気をつけるようになります。」とまで言われ、取締りの効果に対する市民の期待が大きいことにも気づきます。

交通、特に「取締り」は、「文句を言われてばかり」で、「『ありがとう』と言われることは滅多にない」というイメージはないでしょうか。

私自身がそう思っていました。そして、「文句を言われても頑張るんだ。」と思っていました。

しかし、そうではないということに、課長になって気づきました。

こと取締りに関しては、現場で直接話をするのは違反者であり、やはり、取り締まられたことに対して「文句を言う人」が多いことは事実です。しかしその一方、「常に安全運転で違反をせず、私たちの活動をしっかり見て、安全・安心を感じて、『取締りをしてくれてありがとう』と思っている大勢の市民」は、取締りをしている警察官にわざわざ「ありがとう」と言いには来ません。

つまり、結論として、現場では「文句を言われてばかり」になってしまうということなのです。

以前に、管内のある病院の役員の方々と懇談させていただく機会がありました。その中で、「シートベルトは、昔は皆こんなにしていなかった。私自身も実は、『面倒くさいな。』と感じ、『取り締まられるから、しようか』と思ってしていた。それが今では、『しないと落ち着かない』という状態になっていて、後部座席でもするようになった。これは、警察官が一生懸命取締りをした大きな成果であると思う。病院で、交通事故に遭い、シートベルトをしていなかったために、大けがをした方や亡くなられた方を見ていると、シートベルトをすることを当たり前にした警察の力はすごいと思う。」という話や、「〇〇交差点で警察官が取締りをしている姿をよく見かけるが、非常に良いと思う。以前、あの交差点は、ほとんどの車が一時停止をしていなかったが、取締りをしている警察官の姿を見て、皆が停止するようになり、今では、取締りをしていないときでも停止する車が多くなった。そうなるまで取締りをしたことは素晴らしいと思う。毎日通る道なので、暑い日も寒い日も頑張っている姿を見て、『警察官は大変だなぁ。』と思っている。」という話がありました。

他の会合でも、同じような話をたくさん聞きます。

こういう話を聞くと、いつも、「街頭活動をしている皆に直接聞かせたい。」と思います。現場での苦労と成果に対するお礼や賞賛を私だけが聞いています。

取締りをする警察官の姿は、ドライバーをはじめとする市民に緊張感を与え、安全運転を促し、さらに、取締りを継続することで、交通の流れが安全なものに変わり、その変化と成果は、いつも通行する市民がしっかりと感じています。

「文句を言われても頑張る。」ではなく、「市民のために頑張っている姿とその成果は、市民はきちんと見ていて、安全・安心を感じ、そして、感謝している。」ということが正解でした。

交通課長になって、市民の皆さんに教えられて、交通警察の素晴らしさに改めて気づいたということは恥ずかしいところですが、今一度この市民の声や思い、交通警察の活動の本質をしっかり胸に刻み、課員とともに、取締りをはじめとする交通事故防止対策に邁進していきたいと思います。

交通警察官としてできること

高速道路交通警察隊　巡査　川口　卓也　（三二歳）
（交通経歴　五年一一月）

私が実際に体験した死亡ひき逃げ事件の取扱いに基づいて話したいと思います。

当時、私はＦ警察署の交通事故捜査係で勤務していたのですが、公休日の午前四時頃、自宅で寝ていた私は、携帯電話の着信音で起こされました。

電話に出ると
「死亡ひき逃げが発生した。すぐに出勤できるか。」

という、署からの呼出しの電話でした。

事案概要等詳しいことは何も聞けないまま、署に向かいました。

署に到着し概要を聞くと、府道の直線道路で車と三〇代の男性が運転するバイクが正面衝突し、車は立ち去り、バイクの運転手は搬送先の病院で死亡、現場には逃げた車のドアミラー等の部品が散乱しており、現在目撃者の現場見分中とのことでした。

私がまず受けた任務は被害者のご遺体を、搬送先の病院に引き取りに行くことでした。

署に引き取ってきたご遺体を霊安室で確認したのですが、足の解放骨折等損傷が激しく、顔にも至る所に血液が付着している状態でした。

こんな状態で家族に合わせることはできないと思い、その場にいた数人で顔の血を拭ったのを覚えています。

しばらくして、被害者のご両親やご兄弟が署に到着し、ご遺体を確認するにあたり、その場に私も立ち会うことになりました。

ご両親は霊安室に入り遺体を確認するや、すぐに自分の息子であることを確信したのか腰を抜かしたようにその場に座り込み、その後もまだぬくもりの残る息子の体に覆い被さり泣き続けていました。

ご兄弟の一人が私の方を見ながら涙ながらに

「逃げた犯人はどうなりましたか？　すぐに捕まりますよね？」

と、ひき逃げという形で家族を亡くした無念の言葉を投げかけられ、すぐに返す言葉が見つかりませんでした。

ただその時は、目撃者がいたことや、犯人の車の部品も多数落ちていたことからも、すぐに犯人を捕まえることができるだろうという期待がありました。

しかし、捜査開始直後から大きな壁にぶつかったのです。防犯カメラ捜査や部品捜査からの車種の特定をするのが一番の問題でした。

事故の発生が深夜時間帯で防犯カメラ映像は、暗く不鮮明で遺留されていた部品のほとんどは社外品で車種特定は容易ではありませんでした。

しばらくして、逃げた車の車種が特定できました。

すぐに、発生場所に隣接する行政区で同車種の抽出をしたところ約三、〇〇〇台が該当車両として浮上したのです。

初めはその量に驚きましたが、霊安室で見た被害者や被害者家族の姿を思い出すと、
　この中に必ず犯人の車がある。絶対見つけてやる。

と、強く思いました。

それから、約半年が過ぎ、該当車両の中には、廃車手続、輸出、転売等がされた車が増えていき、車両や使用者の特定がさらに困難になっていきました。

そういった状況悪化に負けそうな私は、
　もう見つからないのではないか。今までに見た車両の中に見落としがあったのではないか。

といった不安を持つようになっていました。

そんな時、車当たり捜査の中で目撃証言や遺留塗膜から判明していた型と色が酷似し、さらにフロント部分には修復された痕跡がある車両を発見したのです。

捜査を進めると、この車両が事故発生時間帯に現場付近を走行していた事実や、同車両の所有者が事故前に遺留部品と同型同色の部品を購入していたこと、さらに事故現場手前に行きつけの居酒屋が

あること等が次々に判明していきました。

そして事件から約一年後、ついに犯人逮捕となりました。

犯人に対して逮捕状を読み上げた際は、被害者遺族の思いに報いることができたという思いと、犯人逮捕という達成感でいっぱいだったことを覚えています。

被害者遺族からは、

「息子の声が聞こえます。本当にありがとうといっていると思います。ありがとうございました。」

という言葉をいただきました。

犯人逮捕までに時間はかかりましたが、被害者やその家族のために、交通警察官として捜査を尽くすことができました。

地道な捜査ではありましたが、自分のやるべき仕事に誇りを持ち、最後まで全うすることで、逃げ得は許さない、悪いやつは絶対に捕まえるという警察官としての誇りと使命感を持って取り組むことが出来た事件でした。

今回の事件だけではないですが、被害者にとって警察は、「最後の砦」です。

どんなときも最後まであきらめず、一つひとつの仕事に誇りを持つことが大切であると感じることができました。

交通警察官は、時に交通取締り等の取扱いの中で暴言を吐かれたり嫌われがちですが、交通警察官にしかできない仕事があると思います。

交通警察官の一つひとつの取扱いには意味があり、地道にやっていくことで、悲惨な事故を未然に防いでおり、今回話した事案のような悲惨な事故を一つでも無くしていけるのも交通警察官だけだと信じています。

日々の活動に誇りを持ってこれからも職務に邁進していきたいと思います。

大きな目標である、交通死亡事故ゼロを目指して……。

事故が無くなるその日まで

下鴨警察署　警部　白井　里志（四〇歳）
（交通経歴　一二年六月）

今でも悔やむ一言がある。

「来るのが早いですね。邪魔しないでください。」

死亡事故現場で見分中、地元地方紙の新聞記者に対して発した一言でした。

彼は

「甥っ子が轢かれたんです。兄から連絡があって飛んできました。」

と悲愴な顔で答えました。

しまった。なんて軽率なことを言ってしまったんだ。

自分の言葉に、後悔で一瞬動けなくなってしまったことを今でも忘れられません。

その記者、Aさんは、毎朝、交通課に事故の発生件数を訊ねに来ていました。

事故捜査係の係長として勤務していた私は、Aさんと毎日のように顔を合わせていました。また、その誠実な人柄に好感を持っていました。


小雪が舞うとても寒い日。

自転車に乗った高校生と軽自動車との出会い頭事故。意識なし。最悪の結果を想像せざるを得ない無線の内容。

現場臨場した私は、見分中、壊れた自転車に駆け寄るAさんに対して
もう事故の取材に来たのか、誰が彼に言ったのだろう
と捜査の邪魔をされては困ると思い、冒頭の言葉を言ってしまったのです。

Aさんは動揺していたのか、私の言葉に反応することはありませんでした。

顔見知りだからという理由ではありません。自分が不用意に発してしまった言葉を取り返すために、事故の真相を明らかにしよう、そして、誠実に対応しようと誓いました。

何気ない一言が、忘れられない一言に、取り返しのつかない一言になることを身を持って知り、今

まで以上に言葉を大切にするようになりました。
そんな事故から一か月が経ったある日、Aさんから

差出人は誰か分かりませんが、事故現場に供えてあったんです

と手紙を見せてもらいました。その手紙を紹介させていただきます。

「ちゃんとご飯食べてる？　さみしくない？　友達はできた？

もうそっちは慣れましたか？　こっちは、まだまだ皆泣いています。

一二月一八日、私は終業式で友達から連絡がきたんだ。

すごくビックリしてショックで……。本当に信じられなくて信じたくなくて。二一日の告別式に行くのが怖かったんだ、正直。行ったら皆泣いていてさ、御家族の顔見たら余計に泣けて……。もうね、泣きすぎて気が狂いそうだった。

なんで、なんでなん……一六歳だよ？　まだまだ先があるのに。

告別式が終わったね、もう永遠に会うことないって思いたくなかった。

この事故があって、家族も友達もみんなを大切にしようと思った。

交通マナーを守って生活していこうと思った。

生きてることが当たり前に思ってて、生きるってすごいこと、幸せなことだと思った。生きたくても生きられなかった人もいる。だから、一日一日を大切に一生懸命生きようと思った。

この事故が、Bくんが教えてくれたこと。命をかけて、体を張って大切な命の尊さを教えられた。

本当にいっぱいありがとう。皆忘れないから。だって大切な、大切な友達だもん。いつかまた逢おうね。ご冥福をお祈り申しあげます。」

この手紙を読んだ時、心が震えて止まりませんでした。

もう、このような事故を発生させてはいけない。悲しむ人を作ってはいけない。そして、自分には何ができるのだろうと。

仕事の意味を、自分自身を見失いそうになった時、今もこの手紙を読み返すようにしています。また、異動後もAさんとの親交は続き、警察学校で交通事故捜査に従事する警察官に対し講話をしていただきました。

交通警察官は、日々、文句や苦情を言われ、夏は汗をかき、冬は震えながら現場で活動しています。また、府民から一番嫌われ、感謝されないのが交通警察であると体感せざるを得ません。

しかし、私自身、交通警察官としての苦杯や失敗、そして様々な人との出会いが、成長の糧になってきました。警察の中でも希望者数がふるわない交通警察ですが、これからも交通警察官として成長を続けていきたい。

事故が無くなるその日まで。

「想いを伝える」ということ

交通企画課　巡査部長　前田　尚子（四二歳）
（交通経歴　一九年九月）

「人のためになる仕事、人の役に立つ仕事がしたい。」そんな想いを胸に、私は京都府警察職員の一員となった。

交通巡視員として拝命し、仕事は「交通」に限られていたものの、交通安全教育や駐車取締り、学童の保護誘導や高齢者宅訪問活動など、仕事の内容は様々であった。中でも交通安全教室は、人前で話すのが苦手な私にとって苦痛ではあったが、当初は、それが主な仕事なのだから、少しでも上手に話せるようになりたい、先輩に近づきたい、そんな気持ちで先輩の後について、話し方や色々な教材を使うことなど手法ばかり気にしながら交通安全教育に取り組んでいた。

そんな時、ある交通事故が起こった。管内の小学二年生が、下校時に住宅街の交差点でトラックに跳ねられ重傷を負ったのだ。

その小学生は、ほんの数日前の交通安全教室で私が指導した小学生だったことが分かり、衝撃を受けた。

事故現場は信号のない交差点。小学生が一時停止の標識があるにもかかわらず、友だちを追いかけて走って飛び出した、とのことであった。

学校周辺は住宅街で、以前から、細街路での子ども達の飛び出しの危険を学校はもちろん、地域ボランティアも懸念していたということも後から分かった。

事故を受けて、先輩から「交通安全教室で何を指導したのか。」と聞かれて、レジュメを見せた。信号の見方・渡り方を中心とした指導内容であったが、それを目にした先輩から言われたのは、「あなたの想いが全くない。」という言葉だった。

指導内容を決めた理由、目的、それらが全く見えてこないということだった。確かにそのはずである。まだ経験も浅く、管内事情でさえ十分に把握できていなかった上、私は、対象が同じ小学校低学年であるとの理由だけで、他の小学校での指導内容と同じものを流用しただけだった。小学生が興味を持って話を聞いてくれるように楽しく学習してもらおう、そんな上辺だけのことに気を取られていた自分の浅はかさを思い知らされた。

あの交通安全教室の前に、心の底から「児童の交通事故を防ぎたい。」その想いを持っていれば、どんなことができただろうか。

まずは、管内の小学生の事故を十分に調べ、学区内の児童にとっての危険箇所を把握する。学校には普段の児童の行動から、どんなことを懸念しているか聴取し、児童には事故に遭わないよう安全ポイントを分かりやすく伝える。

そんなことができていれば、児童にも交通ルールを教えるだけでなく、ルールを守ること、自分の命を大切にすることの大切さを伝えられたのではないだろうか。

交通安全教育は単にルールを教えるだけでなく、最も大切なことは気持ちを育てることだと初めて思い知らされた。

まず、自分の中で、人々の安全を想う気持ちをはっきりと持っていなければ、警察官として行う「教育する・指導する・取り締まる」これらの行為も単なる形式的なものにしかすぎないのだということをこの時痛感したのだった。

教育する、指導する立場で、自分と接した人々にどれだけのものを残せるかは、話し方だけでなく自分自身の人格、自分の発する言葉、表情、すべてにかかってくるものだと思う。

「交通安全教育」の仕事に到達点はない。

自己満足に終わらないように、自分自身や他者と切磋琢磨しながら、より効果的な方策を模索し、より質の高い教育内容を目指しながら臨んでいかなければならない。

容易なことではないが、それこそが「交通安全教育」の大きな魅力であると感じている。

少しずつでも、一人ずつでも想いを伝えることができるように。

命の尊さを伝える仕事

交通指導課　巡査長　長畑　智子（四二歳）
（交通経歴　一九年五月）

平成九年に交通巡視員として京都府警察の一員となり、平成二〇年に警察官へ身分の切替がありました。そして、今までの間に、結婚し、子供を育てる母親という立場にもなりました。日々、仕事をしながら思うことは、家族がみんな心身ともに元気であること、そうでなければ、警察官として母親としての私はいないと思っています。そして、交通警察の一員としていつも心に置いていることがありますので、それについて書き記したいと思います。

交通安全教室の始まりは、いつもある言葉から始まります。その始まりは、私がまだ駆け出しの頃、交通安全教室で出会った若いお母さんの言葉です。

私は、主に警察署で交通安全教育を担当し、日々管内の保育園や幼稚園、小学校から地域の老人会と幅広く交通安全教室を実施していました。その年は、六歳未満の子供が車に乗るときはチャイルドシートをつけなければならないという改正道路交通法が施行される年で、私は毎日のように管内の幼児サークルから保育園、幼稚園において保護者を対象とした交通安全教室を実施していました。現在はチャイルドシートも普及し、車に乗るときは子供がチャイルドシートを着用することは当たり前になっていますが、この時期はまだチャイルドシートを利用する車はあまり見かけませんでした。

道路交通法が改正されることで、保護者の間からはいろんな声があがっていました。命よりも大人の都合や利便を主張する雰囲気で、子供たちの命を守ろうといった感じは保護者の声からは全く感じられませんでした。

講習が終わり、その保育園の園長から、「今の親は子供の命の大切さを感じる間がないんだと思います。素直に子供は可愛いのでしょうが、社会全体の雰囲気がそうなっているのでしょうね。これに懲りずにまたお話に来てくださいね。」と言われました。自分の指導力のなさに落ち込み、子供の命について思慮が不足している母親たちにがっかりしていたとき、三歳くらいの男の子を連れたお母さんが職員室に入ってきました。二五歳くらいの若いママでした。「さっき、取り付けも手伝ってくれるって言うてたけど、お願いできますか。車の後ろに積んでるんやけど。」と相談にきたのでした。「いいですよ。手伝います。」とみんな帰ってしまった静かな駐車場で二人がかりで取り付けをしました。そして、彼女は私にたくさん話をしてくれました。高校を出てすぐに結婚をしたこと、その相手はクラブの先輩であったこと、今三歳の息子が可愛くてしょうがないということ、もう一人半年後に家族が増えるということ……。帰り際、彼女は私に、「チャイルドシート取り付けできて良かった。これで、安全運転に専念できるわ。車に乗るときも、ひとつしか無い命大切にしないとね。命はたったひとつやからな。」と言い、三歳になったばかりだという男の子をチャイルドシートに座らせ、帰って行きました。

「命はたったひとつ。」この言葉がいつまでもいつまでも頭から離れませんでした。命はたったひとつしかないということ、その命をまもるために親が子供に何ができるのか。交通ルールを指導するよりもまず命の大切さについて伝えることが大切なのではないか、それから、私はいつも、「命はたったひとつしかありません。」という言葉から交通安全教室を始めます。自分のたったひとつの命を大事にしてほしい、そして、みんなのたったひとつしかない命も大事に思える人になってほしいという想いを込めています。

私たち警察の仕事は、安全安心を生み出し、命に密着した仕事だと思います。命はたったひとつしかないということを、命が軽く扱われがちな現在の社会の中で広く伝えていくことが私たち交通警察の役目、私の役目ではないかと日々自問し使命感を持って職務に取り組んでいます。

プライド

交通捜査課　警部補　高野　匡生（四八歳）
（交通経歴　一八年一〇月）

私は現在、交通捜査課において特殊犯捜査係長として勤務しております。

特殊犯といえどこれまで約四年間、一つの犯罪しか捜査してきていないので他の事件担当者と比べて、事件などを通じて貴重な体験をしたという様な事は皆無でありますが、交通部の一つの係としては、私が特殊な仕事をしているので、交通部ではこんな仕事もしており、それなりに苦労しているんだという事をお知りおきいただきたい。

私の仕事は「詐欺」の捜査です。こう言えば他の部門の方は一〇〇パーセント首をかしげて「交通が？」と不思議がられます。そう、私は交通事故に関係する自動車保険金詐欺事件を専従的に捜査しているのです。

不思議がられるのは当たり前で、お恥ずかしい話かくいう私も警察経歴約二五年にして初めて交通捜査課に異動し、実際にその職務を命ぜられるまで、まさか交通部門が詐欺事件の捜査を担当しているとは思いもしなかったのが事実です。

ですから、この仕事を命じられた私も当初は訳が分からず、しかも程なくして帳場長という大役を任されたため、とにかく早く自分自身がモノにならなければと、萎縮が進行している小さな脳みそを必死でフル回転させ、一から自動車保険の仕組みについて勉強し、事件によっては自動車保険のみならず労災保険金詐欺や共済保険金詐欺、柔道整復師の不正な保険請求など、だんだんと交通警察から離れていくなぁと思いつつも、その仕組みと対応について勉強し事件の立件に努力しました。ただ、根本的に私が担当する事件は故意に交通事故を起こしたり、交通事故を利用して保険金等を騙し取るというもので、道路上の危険を生じさせ詐欺を行うこの種行為は、社会的反響が大きく模倣性の高い悪質な犯罪であるため、やはり交通部門として捜査すべき大切な事件捜査と理解しました。

このように、何の能力も得意技も無い私が、難しい難しいと言いながらも無い知恵を振り絞り、約四年間ボロボロのポンコツと言われながらも頑張れているのはある一つの思いがあるからです。それを表現すれば、「誇り」と「意地」が正しいのか分かりませんが、私は「交通部のプライドをかけて事件に取り組む」という姿勢でこれまで事件に取り組んできました。

正直なところ、悲しいかな交通警察官は「事件に弱い」と言われているのが現状であり、このような言葉を耳にした方は実際数多くおられると思います。

私も約二〇年前に交通警察官となってからは、数多くこんな言葉を聞いてきました。でも、私はどうしてもこの言葉が気にくわず、何とか事件に強くなりたい、今までやった事のないような事件を立件したいと取り組み、また、自分が部下を持つようになってからは、自分のチームを事件に強く育て

交通のプライドをかけて

たいと努めてきました。

それが災いしてか⁉私はポンコツがかった中年になってから、思いも寄らぬ配置換えで特殊犯捜査係長に着任し、自動車保険金詐欺事件の捜査に取り組む事となりました。ですが、私の事件を担当する検事は全て刑事部検事です。

冒頭でも述べましたように、交通部で詐欺捜査に取り組むというのは、なかなか他の部門からは理解しがたいようで、そういう偏見が強く残っているのか、これが現実なのか、事件相談の際には「交通？交通がこの事件やるの？」、「交通でできるの？」とか「刑事の応援はもらわないの？」と、検事からいわば屈辱的な言葉を浴びせられる事もしばしば。

しかし、私はこんな言葉に発憤し、「では交通部の意地を見せましょう。」と全力で事件に向き合ってきました。

そして、これまで私の帳場では幸運なことに優秀な方々の応援をいただいたうえで帳場一丸となって事件に取り組み、そつなく事件を立件して捜査終結した結果、かの検事から「非常に分かり易い捜査でした。」「交通部はこんな丁寧な仕事をされるんですね。」「ありがとう。」と言われた時、私は交通部の意地とプライドを見せつけたと、今までの苦労が一瞬で吹き飛ぶ充実感に、ほんの少しだけ浸ることが出来るのです。

交通警察は多種多彩な職務に分かれるも、その頂には「交通死亡事故抑止」という最大目標の下に、職員一人ひとりがその重責を担っています。

私の現在の仕事は、ややもすれば交通警察官である事を忘れてしまいそうな現状ではありますが、交通警察の最大目標の一端を担い、道路交通に関係する「悪いやつ」を道路上から排除するため事件捜査をする者として、まだまだ日々頭を悩ませながらも「交通部のプライド」をかけて、事件に強い交通警察を目指し取り組んでいます。

感謝の手紙

山科警察署　警部補　藤井　啓司（五五歳）
（交通経歴　三一年六月）

某署での交通事故の取扱いのことです。

京都市内のとある信号のある小さな交差点で自転車が対面赤色信号を無視して交差点に進入したところ、青色信号で交差点に進入した軽四乗用車と出合頭に衝突しました。

軽四乗用車の運転者は四〇歳くらいの女性、自転車は一三歳の中学生の少年でした。
　現場でなく、双方が揃って署の窓口に届け出たもので少年は母親と一緒で、私は双方から事情を聞き、信号については少年が見落としたと説明するもので信号表示についても双方の供述に食い違うことなく、また怪我はないとのことで物件事故として届け出を受理することにしました。
　少年はみるからにショックを受けている様子で今にも泣きそうな状況で、母親も同様にショックを受けているようでした。
　私は車の女性に聞こえないように
「そんなに落ち込まなくてもいいよ」
と慰めながら手続きをすすめていたところ、その車の女性が
「この子が信号無視したのは間違いない。この先話を覆すかもしれない。その時は警察はどのように証明してくれるのか。」
とその親子の前で威圧的に私に怒鳴るように訴えたのです。
　信号無視してきた自転車と衝突したんだということをはっきりさせておきたい気持ちは分かりますが、大人なら少し状況を考えて話すべき言葉だと思った私はその女性に
「そのようなことは相手の子供さんの前で話されることではないでしょう。あとからこちらで納得いくまで聞かせてもらいます。私に言ってください。」

と告げました。

すると、少年がこみ上げていたものが抑えきれなくなったようで、大粒の涙を流し出したのです。女性は少し憮然としていましたが、それ以降は普通の口調で会話に応じ、届け出を終えて立ち去りました。

親子が残っていたことから少年に、

「怪我がなくてよかったね。あとはお母さんたちに任せておけばいい。心配しなくていい。」

と告げ、あとの手続きについて母親に説明して別れました。

優しい眼差し

ごくごく当たり前のことをしただけだったのですが、一～二週間後、その親子から花と手紙が届いていました。

手紙は少年の自筆で「この前はありがとうございました。おまわりさんの言葉に勇気づけられました。おかあさんに自転車も新しく買ってもらい、また自転車で通学していますが、二度と事故を起こさないように気をつけて運転しています。」というような内容でした。

少年を責め立てきつい言葉をなげかけた女性に注意をした以外は、普通のごく当たり前の取扱いだったと思っていましたが、こんなことがその少年を勇気づけたことになったのかと自分でも不思議な気持ちになり、また感謝されたことに喜びを感じました。

相手の立場に立ったちょっとした心遣いで、感謝されるということをあらためて感じた出来事でした。

この経験を忘れず、これからも相手の立場に立った取扱いをしていきたいと思っています。

交通事故のない社会を目指して

伏見警察署　巡査部長　山田　達見（三二歳）
（交通経歴　三年）

駐在所に赴任し、管内住民も一通り顔見知りになったころ、受持ちの独居高齢者が単独の交通事故を起こした。

最寄りの鉄道から丹後半島を北へ一五キロ、海沿いの小さな集落からさらに山手に入った集落で暮らすその高齢者には車は必需品。

集落には商店はなく、最寄りのスーパーまで車で二〇分、耕す畑も高低差数十メートルの所にあり、徒歩では毎日通えない。

その高齢者に限らず、受持区の高齢者はいずれも「トルコン（ＡＴ）は運転できない。」「軽トラがしないと生活できない。」と話す。

事故を起こした高齢者はMTの軽トラを運転中、「クラッチを踏み切れず、焦ってブレーキを離してしまい事故を起こした。」と説明した。日頃、腰を丸めてよたよた歩いている姿を見ていた私にとって想像に難くなく、「足腰が弱ってきたら、運転は控えなきゃダメだよ。」と指導しつつ、「運転を卒業しよう。」とは言えなかった。

その後、その高齢者は一か月の間に、路外に転落、石垣に衝突など同様の単独事故を連続で起こした。

幸いいずれも第三者を巻き込むことなく、運転手にも怪我はなかったが三度目の事故の際、「今すぐ運転やめへんかったら次は人を巻き込むで。」と運転免許の返納を促すも「大丈夫、大丈夫」と全く意に返さない高齢者を見て、「このまま放置すれば必ずまた事故を起こす。」と思った私は、高齢者の家族に相談し、家族からも免許証を返納するよう説得してもらうことにした。

高齢者には毎週身の回りの世話をしに来る長男がおり、警らの道すがら長男とも顔見知りになっていたことから、まず、長男に連絡し、長男から高齢者を説得してもらう作戦だったが、当初、長男は、「車を取り上げても知り合いの車屋から新しい軽トラを手に入れるだけ。」「免許を返納して無免許で事故を起こしたら大変」と難色を示した。

私にも祖父の運転をやめさせようと強引に原付バイクを売却したとき、「孫にバイクを盗まれた。」などと激高し、運転をやめさせることに苦労した経験があったので、長男に対して「運転しない生活

環境を作ってあげること。」を何度も説明し、一緒に計画した結果、最終的には長男も協力的になり、

軽トラを手放す

免許証を返納する

高齢者用の歩行補助具（電動車いす）を購入する

付近の自動車屋に車を販売しないように協力を求める

など、運転しない環境作りを行い高齢者を説得した結果、ようやく運転を卒業させることに成功した。

警ら中、電動車いすに乗って移動する高齢者を見かけるようになり、長男も今まで以上に頻繁に様子を見に来てくれるようになった。

その高齢者は電動車いすを使用するようになってしばらくの後、車いすのそばで倒れているのを近所の人が発見して救急搬送され、その後入院中に亡くなった。脳梗塞だった。

それからさらに月日が経ち、長男が高齢者の耕していた畑の世話をするようになったころ、農作業中の長男に声をかけた。

長男に半ば強引に電動車いすを購入させた経緯を謝罪するつもりだったが、その長男から「駐在さんに言われて親父の車を手放してよかった。あのまま車を運転中に倒れていたら、もし近所の人を巻き込んでいたら……」「それにあの電動車いす、親父気に入って毎日使っていたみたいです。ありがとう」と言われ、心が救われた思いだった。

その後、この長男とは公用車、マイカーを問わず管内を移動中に見かけると必ず手を挙げて挨拶してくれる良好な関係を築くことができた。

その高齢者の例をあげて、管内での交通安全教室では高齢者に対して交通事故の防止と運転免許の自主返納について積極的に指導することができ、同様の説得も数件扱うことがあった。

駐在所の任期中、交通事故による死者はなく、発生した交通事故の多くは他府県からの観光客によるものであったため、私にとっては交通事故を起こさない環境作り、交通事故抑止のための意識作りに取り組み、その取組結果をリアルタイムで感じ取れる、得がたい経験となった。

交通事故捜査員に戻った現在、高齢の事故当事者を取り扱う際は、本人に加齢による身体機能の変化に気づいてもらえるような説明を心掛け、出来るだけ家族に同伴してもらいながら家族にも同様の説明を行い、交通事故抑止の一助となるよう努めている。

弁当箱の悲しいぬくもりを感じて

交通企画課　警部補　本谷　篤史（三七歳）
（交通経歴　一〇年四月）

あなたは、ある日突然、自分の大切な人が、交通事故で帰らぬ人となる辛さを考えたことはありますか。

それは、想像を絶する悲しみであり、誰も考えたくもないことである。しかし、我々は日常生活を送る中で、誰もがその当事者となってしまう可能性を秘めている。

平成二八年中、京都府内の交通事故死者数は六〇人と統計至上最少を記録した。しかし、見方を変えれば、一か月に平均五人もの人が交通事故で不本意に亡くなられており、いつもどこかで多くの人が、故人を想い、悲しみに暮れているのが現実である。

交通警察は、言うまでもなく、交通事故のない安全で安心な社会を目指し、様々な分野で日々懸命に活動を行っている。

だから、交通警察が落胆するのは、交通事故が発生してしまった時、その中でも、とりわけ交通死亡事故が発生した時である。

捜査をする上で、死者の無念さを感じたり、ご遺族が死者と対面する瞬間や、交通事故の状況を説明し、その気持ちを調書にすることは非常に辛いものである。

私も、交通警察官になって間もない秋に発生した、二輪車の交通死亡事故が印象に残っている。

事故は、違反者から「朝の忙しい時間に取締りするな。」等と言われながらも、通勤時間帯の交通取締りをしていた時、「二輪車の人身交通事故が発生、二輪車の男性意識なし。」との連絡を受け、すぐに現場に向かった。

現場は、目を覆いたくなるような大量の血痕や原型をとどめない二輪車があり、交通事故の激しさを物語っていた。

交通事故ゼロを願って

事故捜査員が「もう少し、速度を落として走っていればここまではならなかったかもしれない。」と悔やんでいた。

二輪車の男性の人定を確認するよう指示があり、男性の所持品であるリュックを開け、財布を取り出そうとしたところ、白手袋をしていた私の手に確かに感じたのは、弁当箱のぬくもりで、それが妙に虚しく感じたのを覚えている。

男性の命が危険な状態だと聞かされていた私は、何とか助かってもらいたいと祈るとともに、「速度にもう少し注意して走行していれば、昼食にこの弁当を食べられたのに……。」と思うと、交通事故は一瞬で人生を変えてしまうという怖さを感じた。

その後、程なくして男性は帰らぬ人となったという辛い事実を知らされた。警察署に戻ると待合室に、まだ状況を理解出来ていないだろう幼い子供を連れた女性がいた。女性は憔悴した様子で直感的に男性の遺族だと分かった。

少しの注意義務を怠った運転によって、尊い命が一瞬で失われ、家族の人生も大きく狂わせたとすれば、その代償はあまりに大きすぎると感じた。

「出来ることなら時間を巻き戻し、事故を起こす前に、危険を知らせてあげることが出来れば。」と思うと同時に、これこそが、まさに交通取締りの意味なのではないかと確信した。

翌日から、気持ちを奮い立たせ、速度取締りに重点を置き取り組んでいたが速度違反者に告知書を手渡し、速度を守って運転するように伝えたところ、違反者から「スピードを出したのは急いでいるから。それなのに警察官に止められ、さらに間に合いそうもない。ここから、もっと急いで行かなくてはならないじゃないか。」と言われたことが印象に残っている。

これではまさに、本末転倒だと感じた。しかし、違反者に対して、上司が交通違反の危険性や、なぜ今、ここで取締りをしているのかなど、丁寧に説明したことで、最後にはその違反者は、「確かに言うとおり、事故を起こす前で良かったのかもしれない。気をつけます。」と言って立ち去った。

同じ告知でも伝え方、説明の仕方によって大きく変わってしまう。これまでの交通取締りから、警察官の話に素直に耳を傾ける違反者は少ないなどと、まるで相手側に問題があると考えていた私は、自分の告知が、相手の気持ちに響かず、形骸化していたことを痛感させられた。

交通取締りは、真に相手の交通事故防止を願い「交通違反が取り返しのつかない交通事故に繋がる。」ということを、理解してもらうことが大切である。

交通警察は、何も交通取締りに限ったことではないが、いかにハンドルを握るドライバーに交通事故防止を訴え、それを実現させることができるかがポイントであると感じている。

今後も、あの時の弁当箱のぬくもりから感じた交通事故防止の気持ちを、決して冷ますことのないように取り組んでいきたい。

人形は私の分身

交通指導課　警部補　清水　聖子（五五歳）
（交通経歴　三〇年六月）

「私、腹話術やっていいですか」

今から約四年前、私はU警察署の交通総務係に転勤になり、そしてその日から、今まで経験したことのない仕事、交通安全教育に携わることになりました。

これまで、交通取締りや交通事故、窓口業務など色々な仕事を経験してきましたが、交通安全教育は直接担当したことがなく、果たして私に務まるのかと不安で落ち込んでいました。

そんなある日、先輩方と教材倉庫の整理をしていた時、片隅にボコボコの古ぼけたジュラルミンケースを見つけました。

「これ、何が入っているんですか?」

「ああ、腹話術の人形、けんちゃんです。」

倉庫の整理を終えて、ケースを開けると、中には大きな目をした男の子が入っていて、私と目が合いました。瞬間、「私、腹話術やっていいですか。」と先輩に言っていたのです。当然やったこともなく、自信なんてありませんでしたが、なぜか男の子が私に「一緒にやろうよ」とでも言っているかのようで私はケースから人形を取り出し抱いていたのでした。

先輩方には、「はい、やってみて下さい。頑張って。」と励ましていただき、基礎も何も無い私でしたが、それからは時間があれば人形を取り出して練習です。大げさですが、私の手が人形に命を吹き込むのです。上手に動かしてあげないと人形は人形のままです。瞬きをしたり、唇を動かしたり、右を向いたり左を向いたり、本当に上手く動かすのは至難の業であり、思いつきでやれるものではありませんでした。それでも、なんとか一通り動かせるようになった時、

「係長、一度腹話術やってみたらいかがですか」

と励ましてもらい、いよいよ腹話術デビューをすることになったのです。

けんちゃんと私の初舞台は、高齢者がたくさん集まるとある集会所でした。

今までにも先輩が上手にやってきておられる教室でしたので、実力は足下にも及びませんが、とりあえず「やってみよう！」の気持ちとけんちゃんの瞳に後押しされて登場したのです。決して上手にできたとはいえませんでしたが、けんちゃんと話をしてみんなの前に立っていると何より自分が楽しくて仕方が無かったこと、そして見ていて下さるお年寄りの温かいまなざしに包まれていたのを覚えています。

その後は、けんちゃんに演歌を歌わせて登場したり、なんとか楽しくてまた興味をもってもらえるような内容にと工夫を重ねる毎日でした。

ある時、私はけんちゃんの頬に絆創膏を貼り付けて交通安全教室に出かけました。

ストーリーは、けんちゃんが自転車に乗って友人宅に行こうと慌てて自宅を出た時に、交差点で車と出会い頭に衝突しかけてびっくりして転倒、頬にけがをしたという内容でした。話自体は「危ないな～、急いでいてもしっかりと安全確認して下さいよ。」で終わったのですが、交通安全教室が終了した後、一人のお年寄りが私とけんちゃんのところにやってきて、けんちゃんの絆創膏をなでながら「痛かったなぁ、気をつけなあかんで、私も気をつけるからな」と何度も何度もけんちゃんの頬をなでておられたのです。私はその時、大げさですが胸が熱くなりました。私の腹話術は決して上手でもなく、また完成度も低いものですが、「安全確認、気をつけて」という私の気持ちが、けんちゃんという人形を通してお年寄りの心に届いていたのだと思うと本当にうれしい気持ちになりました。私が百回繰り返すより、人形を通して発信されたメッセージがみんなに届くことを実感した瞬間でした。

たとえ完成度は低くても、上手くなくても、心の底から交通事故防止を祈って、けんちゃんが話した言葉は、みんなの心に届くのだ、まさにけんちゃんは私の分身だと確信しました。

交通事故は日々どこかで発生して、また残念ながらお亡くなりになる方やけがに苦しむ方が絶えません。こんな毎日の中で警察官として自分には何ができるのだろうと考えたとき、「私は私のやり方で、少しでも交通事故防止を訴え続けていくこと。それが、私のやるべき事なんだ。」と改めて自覚して、それを実践していくのだと決めたのです。

それから私とけんちゃんは、二人で管内の色々な所へ出かけて事故防止を訴えました。時には大きな声で演歌を歌ったり、漫才をしたり、相変わらず完成度は低かったことでしょうが、見ていただくみなさんの温かい気持ちに支えられながら二人で頑張ることができたのです。

今は異動があってけんちゃんとは離れてしまいましたが、私の分身はまた別の誰かに命を吹き込まれ、交通事故防止を訴え続けていることと思います。

私の分身は、私が忘れていた何かを思い起こさせてくれ「与えられた仕事を自信を持ってやれよ。」と教えてくれた恩人です。

府民の安心・安全のために

運転免許試験課　一般職員　臼谷　和代（二九歳）
（交通経歴　五年四月）

「え、運転免許試験課に行くの。」

これが、私の最初の思いでした。当時私は警察署で勤務していたのですが、異動するとしても別の警察署で勤務するとばかり思っていたからです。

しかし、私の驚きはこれだけではありませんでした。運転免許試験課と聞いて、てっきり免許更新の係だと思っていましたが、配置されたのは、悪質・重大な交通違反者に対し行政処分を行う、聴聞係だったのです。

私は、警察署での交通許認可業務を二年、運転免許試験課の行政処分業務を二年半経験し、現在、運転免許試験課の免許の更新業務に携わって一年弱です。これは、二年半担当した行政処分業務のときの話です。

聴聞係は、九〇日以上の長期の免許停止や免許の取消しを行う係です。長期の免許停止・免許の取消しは、道路交通法の規定に基づき、行政処分を行う前に「意見の聴取」や「聴聞」を開いて、行政処分を受ける人から文字通り意見を聞かなければなりません。私は、この意見の聴取の裏方として走り回ることとなりました。

聴聞係では、タクシーやトラックの運転手など、車の運転をすることで生計が成り立っている人からの抗議めいた電話を受けることもあり、処分を受ける人に納得してもらえるよう説明することに大変苦労しました。

中でも、特に印象に残っている電話対応があります。

それは、長期の免許停止を受けなければならない若い女性からの電話でした。「免許が停止になったら、仕事ができなくなります。」「なんとかなりませんか。」受話器の向こうから、泣き出しそうな声が聞こえてきました。詳しく話を聞くと、「営業の仕事をしているので、毎日車を運転しなければなりません。免許停止になったら仕事にならないんです。」ということでした。それまでも同じような内容の電話はありましたし、そんなとき私はいつも、行政処分制度や処分後に受けられる講習についてなど、事務的な内容の説明をしていたので、このときも同じように説明しました。しかし、今まででは、そこまで説明をすれば「仕方がない。」と納得をしていただけることがほとんどでしたが、この女性はなおも訴え、電話を切ろうとしませんでした。「少しの期間でも車に乗れないと仕事ができないんです。」「お願いします。」これまでのようにいかないことに私も困って、「免許停止をなくすことはできません。」と言いましたが、それでも「そこを何とか、お願いします。」女性は必死に訴えてきました。

えっ！　私が免停…

私はこれ以上どう説明するべきか困り、上司にアドバイスを求めました。上司からは「どうしようもないで。」「女性の仕事への影響を最小限に抑えようと考えれば、行政処分を一日でも早く受けてもらうのが一番や。」「もう少し、彼女の話を聞いてあげたらどうや。」と言われました。そこで私は、女性の仕事の厳しさや家庭環境を、彼女のペースに合わせて聞き手に徹しました。時間は過ぎていき、私の心の中では、「同情するべき点もたくさんある。」「でも、行政処分を受けることが責任の取り方だ。」という思いが交差していました。

私はもう一度、先ほどよりも丁寧に、一番良い方法は、行政処分を早く受けることだと説明しました。すると女性は、「免許の停止になるのは仕方がないことなんですね。」「私にとって一番良い方法がそれなら、そのようにします。丁寧に教えてくださって、ありがとうございます。」と、納得してくれました。

私にとってこの出来事は、自分の仕事は人の人生を左右するほど重い仕事なんだということを再認識する機会となりました。同時に、相手の立場に立って、相手にとって一番良い方法を親切丁寧に説明することが、とても大事なのだということに気付くことができました。

意見の聴取・聴聞に来る人は様々です。きちんとした身だしなみの人、寝起きでそのまま来たような人、違反を繰り返した人、それまで違反がまったくなかったのに、たった一度だけ重大な事故を起こした人などそれぞれで、処分が言い渡された後も、反省している人もいれば、ふてくされた態度を取る人もいます。

行政処分業務は、交通警察の中でも決して華やかなものではありません。また、許認可、交通指導取締り、交通事故捜査のように、第一線で活動するものでもありませんし、感謝されることも少ないです。しかし、悪質・重大な交通違反者に対して適切な行政処分を行うことで、警察の責務である「国民の生命・身体及び財産の保護」ができ、府民が安心して暮らせる社会を作ることができます。

交通警察の第一の目的は、交通死亡事故の抑止です。一見地味に見えるような仕事であっても、交通秩序を維持し、悲惨な交通事故を少しでも減らすため、これからも交通警察の一員として、頑張っていきたいと思います。

弔い

運転免許試験課　警部補　池田　正治（四八歳）
（交通経歴　一三年一一月）

私には、同級生の従兄弟がいました。

従兄弟は、父の実家である鹿児島県の知覧町で生活をしており、距離が離れた大阪に住む私とは遠方のため、いつも会えるわけではないのですが、会う都度仲が良く、兄弟の様に接していました。

彼は、中学時代から陸上競技、特に長距離走の選手として、鹿児島県内で名を馳せ、高校も陸上で名門の高校に入学し、高校卒業後は実業団系の会社に就職しました。

これといった特技の無い私と比べて、駅伝のテレビに出たりしており、彼は池田家自慢の人物でした。

それは、昭和六二年の春でした。

従兄弟は実業団に入り、期待に応えるべく休日も練習に励んでいました。

その日もいつものように自宅を出て、いつものように練習を始めました。

そして、その日、彼は帰ってきませんでした。

彼は車に跳ねられ、助けてもらえることなく、息絶えていたのです。

彼が亡くなったことは、すぐに親族一同に連絡が入りました。

父と共に急いで鹿児島の実家へ戻りましたが、そこには言葉では言い表すことができないような本当に変わり果てた姿となった彼がいたのです。

その後、地元警察の捜査によって、従兄弟は練習中に後ろから来た車両にひき逃げされたということが判明したのです。

それから数日後、従兄弟をひき逃げした車両が判明し、運転手は逮捕されました。

犯人が逮捕されても、従兄弟は決して生き返ることはありません。

捜査の結果、やはり、従兄弟は被疑者の運転する車両に跳ねられ、救護されることなく道路の上で一人で亡くなったのです。

私は、被疑者に対する憎しみよりも、誰にも助けてもらえず、道ばたで息絶えていった従兄弟の気持ちを考えると大変胸が痛み、苦しい思いをしたのを覚えています。

人の命は、何ものにも代え難いものです。簡単に表すこともできません。

それは当たり前のことですが、私はこんな簡単に命を奪われてしまうことに衝撃を受けてしまったのです。

この出来事から数年後、私は大学を卒業し就職をしましたが、道半ばで命を奪われた従兄弟のことを思い出し、

「私が努力することで一人でも多く助けたい。」

と思い、警察官採用試験を受験し警察官となりました。

現場に配置されてからは、色々な経験をし、新聞を賑わすような取扱いも経験しました。震災直後の神戸市で一年間勤務することにもなりました。

警察には様々な業務がありますが、その中で私は、従兄弟の亡くなったことを思い、死亡事故等の悲惨な交通事故を少しでも減らすため、交通専務員への道を選んだのです。

交通専務員になってからは、死亡事故に直結する悪質交通違反者の検挙に向けて、それは真に寝食

忘れて没頭するように勤務しました。

私自身が飲酒運転車両にひき逃げされ、大怪我をしたこともあります。

取締現場において、心無い違反者から罵声を浴びせられたこともあります。

途中、交通以外の部門で勤務したこともありましたが、今日まで私が交通専務員を続けることが出来ているのは、府民、国民を交通事故から守りたいという信念とともに、道半ばで命を奪われた従兄弟に対する「弔い」があるからなのです。

私も間もなく年齢が五〇歳に差し掛かり、警察人生も、折り返し点を過ぎました。

しかし、私は「弔い」に勝つまでは手を抜かず、努力を続けます。

この戦いに勝利したか、負けたかは、私が無事に警察官として任務を全うし終えた時に初めて分かるものであると考えています。

ある隊員から教わったこと

交通指導課　警部補　山田　要（五八歳）
（交通経歴　三三年一一月）

『天国はどうや、元気でやってるか。もう何年経ったかな。いつものように笑っているかいな。』『そんな心配いらんか。』

平成二一年四月、一人の白バイ隊員が殉職しました。京都府警の白バイ隊員では三人目の殉職者となってしまいました。訃報を知った私は耳を疑いました。

私が白バイ隊員の頃に指導した隊員でした。

昭和の終わり頃でした。交通機動隊に配置となった彼は、私と同じ分隊に配属されました。新隊員はまず全員が指導小隊による基本的な訓練を受けます。

その後は、配属された各々の小隊に戻ります。そこで先輩隊員の通常活動を通じて同行指導を受けた後、一人立ちすることができるのです。

彼は何人か指導したうちの最後の新隊員でした。

「しっかりついてこんかい。」と何度注意しても、にこにこ顔の「はい。」という返事でした。

分かってるのかいないのか、何を言っても返事は笑顔であり、打たれ強い人間でした。彼なら厳しい訓練にも耐えられると思い、白バイ全国大会の特別訓練生の道を勧めました。

私も全国大会に出場した一人です。それが自分にはプラスになっていると思っています。私の場合は、大会中に脚を負傷してしまいました。

立つのがやっとの状態になった時は、どん底に落とされたようでした。最終種目のスラローム競技を翌日に控えたその夜は、自分に腹が立つとともに悔しさで眠れませんでした。朝になりようやく決心しました。『あきらめたら終わり。近畿で優勝したんや。全国も優勝したら本物や。』自分に賭けてみようと。

結果、念願どおり優勝することができました。残念ながら、個人総合は八位で終わりました。タイトルは一つしか獲れなかったけれど、自分を信じることの大切さを教わりました。

彼にもこの体験を話し、「失敗は誰にもある。大切なのは、その時こそ力を発揮する人間や。」と檄を飛ばしました。特別訓練が無駄にはならないことを感じとって欲しかったのです。そして私は、白バイを降りました。

彼はその後、特別訓練生になり全国大会に出場し活躍しました。特練を卒業した後は、新隊員を指導する立場になり、白バイ隊員の古参と呼ばれるようにもなりました。そして、巡査部長に昇任し警察署に配置されました。

何年か経ち、彼は再び交通機動隊へ配置となりました。

希望しても戻れなかった私と違って、白バイの分隊長になったのでした。

しかし、そんな彼にやがて悪夢が襲いました。

彼は、違反車両を追跡中に交通事故に遭い、帰らぬ人となったのです。妻と子供を残して。

今朝まで普通に出勤したのです。普通に帰ってくるはずでした。

告別式の見送りで、腫れ上がった顔を見たとき、事故の壮絶さを知りました。

あきらめたら終わり

「どうしたんや。」と声をかけても、返事するはずがありません。

隊員の装備等は、我々の頃とは違い改良されているはずであり、その上、経験も技術もあった彼が何故死んだのか、私は理解できません。

痛感したのは、まぎれもなく常に危険と背中合わせだということでした。

その先には死が潜んでいることを忘れてはならないということでした。

とかく交通警察官は、「悪いやつは他におるやろ。それ捕まえや。」などと心ない言葉を浴びせられたりします。

それでも黙々と仕事をしています。それが我々の仕事です。文句を言われても嫌われても。与えられた仕事を一生懸命にやっているだけです。同僚が無事に帰って来たら少しでも労ってやって下さい。仕事に命をかけた彼もそう叫んでいます。

彼がこの世を去って何年か経ちました。命日が来るたびに、彼に教えようとした事が伝わらなかったことを思い出しています。『あきらめたら終わり』ということを。

しかし、彼には大切な事を教えてもらいました。こうして普通に生活ができていることがどんなに幸せかを。

もう後少しだけれど、頑張ろうと思います。

広域緊急援助隊・交通部隊としての使命

交通機動隊　巡査　初鹿　遼（二六歳）
（交通経歴　一年）

私の交通警察官としての振り出しは、京都府警察本部交通部交通機動隊である。平成二五年四月に京都府警察官を拝命し、地域課勤務（交番・パトカー）を経て、四年目に念願であった交通機動隊への配置を命ぜられた。

交通機動隊は皆が知ってのとおり、白バイや覆面パトカーを用いて交通取締りを専門とする所属であり、数ある所属の中でも特に厳しいとされている。私自身、異動直前まで不安でいっぱいであった。異動後、まず行われたのが「新隊員訓練」である。約二か月間、毎日、運転訓練や道路交通法を初めとする各種法令の研鑽に努め、交通機動隊員として必要な技能を身につける。最初の一週間は特に精神的にも肉体的にも辛い部分があった。

「九州地方熊本県で大地震が発生」新隊員訓練も三週間が経ち、少しずつだが交通機動隊員としての勤務にも慣れようとしていた頃、翌日の訓練を控え、早めに就寝していたところ一本の呼び出し電話が鳴った。「熊本地震に伴う広域緊急援助隊として派遣準備のため至急参集せよ。」とのことで、私もすぐに数日分の着替えを鞄に詰め参集した。本隊に出勤すると、テレビのニュースでは家屋の倒壊や停電、また高速道路の亀裂など悲惨な状況であることが分かった。直ちに、小隊長指揮のもと装備資機材の積み込みを行い、早朝、熊本県へ向け出発した。

京都から熊本までの距離はおよそ七五〇キロメートル、時間にして九時間三〇分の道のりである。本来であれば、早朝に出発しているのだから夕方に被災地に到着するはずだが、実際に到着したのは高速道路の封鎖や渋滞も重なりその日の晩、大雨の中まもなく日付が変わろうかという時間であった。現地（熊本県交通機動隊訓練場）に着いた日は、長時間長距離の移動ということもあり皆バスの中で就寝し翌日からの任務に備えた。

復興を願って

翌日、私は今まで見たことがないほどの光景を見ることになった。それは、広大な訓練場いっぱいに埋め尽くされた警察車両の数である。夜の時点では、到着していなかった全国の広域緊急援助隊の交通部隊が、夜中の間に駆けつけていたのである。数え切れないくらいの警察車両が一か所に集まる光景はまさに圧巻であり、また全国の交通機動隊・高速隊を中心とした交通部隊が大震災からわずかな時間で駆けつけたという事実に胸が熱くなったのを覚えている。

交通部隊に与えられた主な任務は、信号滅灯交差点での交通整理及び復旧従事車両・緊急車両の通行の安全確保であった。交差点における交通整理は、交差点の中心及び四方に警察官を配置し、手信号により交通整理を行うというものであった。一見、警察官であれば容易な任務に思えるかもしれないがこの任務が交代を挟みながら二四時間続くのである。また、度重なる余震、道路の陥没や家屋の倒壊の危険がある中、通過する車両に事故を起こさせないようにすることは想像以上に神経を使う任務となった。さらに、二四時間の任務を終え、他府県の部隊と交代しても翌日（二四時間後）には同じ任務が待っている。最初の三日間は、断水状態が続いていたためシャワーを浴びることはもちろん、トイレもバケツの水を自分で流さなければならなかった。

そんな任務が続く中で、私自身が部隊として派遣され心底良かったと思う出来事があった。真夜中、任務交代の合間に近くの公衆トイレへ行く道中、家屋の倒壊から避難するため車中泊をしている子ども連れの家族に呼び止められたのである。「お巡りさんはどこの署の方ですか。」という質問に私は疲れていたということもあり、少しぶっきらぼうに「京都の者です。」とだけ答えてしまった。それにも関わらず、両親から、「遠いところ本当にありがとうございます。」と頭を何度も下げられたのである。また、小学生になろうかというくらいの男の子からも笑顔で「ありがとう」と言われた。

私はその時、自分自身が情けなくなるとともに、何のためにここにいるのかを気づかされた気がした。そして、その時できた精一杯のことがその家族と少し世間話をすることだった。時間にして一〇分弱であったが、その中で男の子が交通機動隊の乗車服を着ている私を見つめる眼差しや、昼夜、交通整理に従事する我々の警笛の音を聞くと安心する、という言葉に胸が熱くなるのを感じた。

私はこの家族のおかげで、たとえ辛くとも自分ができる精一杯のことをして、少しでも被災された方々の安全・安心に繋がるようにと、残りの任務をやりきることができた。

交通警察官として、まだ駆け出しの私にとって今回の派遣は大きな財産となった。交通という分野からその時々で与えられた役割を精一杯果たし、安全・安心な交通社会の実現に貢献できるよう頑張っていきたいと思う。

被害者のやさしさに触れて

山科警察署　警部補　紺谷　孝一（五〇歳）
（交通経歴　二一年四月）

「お世話になりました。」

執念を燃やして

この言葉は、飲酒運転の車にはねられ重傷を負った上に、被疑者が現場から逃走した、いわゆる重傷ひき逃げ事故の被害者からいただいた言葉である。

ある正月気分も抜けきらない日の夜中のことであった。当日の勤務を終え、自宅において家族団らんを経て、安眠を得ようと布団に入って、まだ体温が布団に伝わらない頃であった。目覚まし時計の代わりに枕元に置いていた携帯電話が家族の安眠を妨害するかのように鳴り響いた。携帯電話をとると、当日の当番班長から、

「ひき逃げ事故が発生した。それも重傷の模様だ。至急出勤してきてほしい。」

とのことで、事故の詳細は分からないとのことであったが、発生場所や時間等を聞き取り署へ向かった。

すぐに出勤したものの、交通課の部屋はもぬけの殻になっており、当番班長に連絡するも、現場は混乱している様子で欲しい情報が入手できない状態であった。とりあえず被害者の負傷程度や被害者が逃走車両について何か記憶していることはないか等の情報が欲しかった私は、被害者が搬送された病院へ向かうこととした。

病院に到着すると、被害者は若い男性であったこともあってか幸いにも一命を取り留め、意識はあ

るものの右腕や頭部は包帯でぐるぐる巻きにされ、顔色も悪く、かろうじて私の顔が見えるかどうかといった状態で病院のベッドの上に横たわっていた。

そのような状態の被害者に対して、被害者支援という言葉を聞いたことはあれども、実践したことのない私はいきなり自己紹介もしないまま、また事故の状況についてあやふやな情報しか持っていないために、

「事故の状況はどうだった。」とか

「逃げた相手の車はどんな車だったか。」とか

夜中に呼び出された腹いせかのように、言葉を投げつけ、失礼極まりなく質問した。すると、被害者は悲惨な事故の影響からか、記憶が今ひとつはっきりしないのか、事故の状況について記憶がない、さらには相手の車が現場から逃げたことすら知らなかったのである。

被害者の家の中に、土足で入り込んだようなものだった。被害者の気持ちなど何一つ考えず、一刻も早く署に戻り捜査に参加したいといった気持ちだけが先走っていたのである。

そんな時、当番班長から被疑者が判明し、今任意同行中であることと、至急署に戻ってきて欲しい旨の連絡を受けた。ますます早く捜査に参加したくなった私は、病室に一人っきりになっていた被害者に対し、

「犯人が分かりましたので、私はこれで失礼します。詳細は後日担当の者から報告させます。」

と伝えて病室を後にした。

署に戻って捜査に参加したものの、病院で被害者に対しての自分の行いを振り返っていると、ベッドの上で私の声を聞いて安心したように見えた顔や、逆に病室から立ち去るときの不安そうな顔などが浮かび上がり、捜査書類の作成にも気が入らず、夜明け間近の頃だったせいもあったのか、集中力も散漫になってきていたとき、病院へ赴かなければならない用事ができ、自ら志願して病院へ向かうこととした。

病院へ向かう前に、被疑者の人定・事故状況・被疑者の身柄の状態・捜査の進捗状況など被害者を支援するために必要と思われる事項を把握し、病院の用事に行くことが目的と言うより、被害者との面会に再挑戦することが目的であった。

病院の用事はすぐに済み、急いで被害者の病室へ向かうと、睡眠中であった。廊下には被害者の家族が待機されており、その家族には、自己紹介を行い、被害者本人が事故状況を覚えていないため、現場で確保できた目撃者が説明する事故状況・被疑者の身柄を拘束したこと・その被疑者の人定・今後の捜査状況などの一通りの説明を行い、改めて本人にも直接説明をしたい旨を伝えた。家族によると、被害者自身が人見知りをする性格で、初対面の人と会話しているのを見たことがない、とのことであった。

それからは、自分の被害者に対する冷たかった態度を反省し、自ら被害者の担当を志願し、こまめに病室へ顔を出すようにした。最初の頃は、被害者にも抵抗があったように思われたが、徐々に警戒心というか、緊張もなくなり、被害者からの質問も増えてきた。

少しでも病院方面への用事を作っては、被害者の様子を伺いに行くなど、お見舞いではないが顔出しを続けていた。そうこうしている内に、被害者も心を開いてくれるようになった。

そんなある日、被害者から供述調書を作成しようとした事件担当の検事から、

「被害者に面会を拒否され困っている、書類作成に立ち会って欲しい。」

と、私の立会いを求める連絡があった。詳しく聞くと、被害者は人見知りをする性格からか、検事の事情聴取に緊張してしまい、私の立会いを求めたらしい。その話を聞き、すぐに被害者に連絡して、検事からの事情聴取の必要性や特に心配するようなことはないと、被害者の感情を和らげるよう話したところ、被害者は理解してくれ、検事の面談にも応じ、事情聴取は問題なく実施された。

色んなことを繰り返しながら人間関係も構築されてきたかなと思われた頃、被害者から退院が近くなってきた等の入院経過の連絡をしてくれるようにもなった。しばらくして、事故捜査も終盤になり私も忙しく病院に顔出しできなくなってきた頃、今度は被害者から退院し自宅に戻ったと、元気そうな声で私を名指しで直接連絡してくれるようになった。

捜査も一段落し、被害者から預かっていた証拠品を返却するため、久しぶりに被害者に連絡した。被害者は通院しているものの自宅にて療養中であるとのことから、自宅へ赴くことにした。被害者宅にて、捜査の進捗状況を報告し、まもなく被疑者が起訴される予定など、事故捜査の話をしながら、被害者支援も終了する旨伝えたところ、

「お世話になりました。お巡りさんに何度も病院に来ていただき、本当に助かりました。正直に

言って、今まで、警察に対するイメージはあまり良くなかったのですが、それもすっかり変わりました。」

という言葉をいただいた。

特に、被害者にこびを売るつもりはなく、気を遣って仲良くなろうとしたわけでもない。ただ、事件発生当初に私が行った被害者への自分勝手な対応を反省し、警察に対する不信感を取り除かねば、との想いから被害者に接する態度を改めたことが功を奏したということだろうか。

今でも、被害者を本当に支援できたのかどうかよく分からない。被害者が最後にお礼を言ってくれた言葉を信じ、その言葉を受けた時の感動を忘れず、本支援内容を教訓としたい。またどこかで被害者支援を担当することがあるとすれば、今度は被害者の立場に立って、全力でその被害者を支援したいと思う。

ある一本の電話から得た熱い気持ち

交通指導課　巡査長　蔦浦　裕子（四二歳）
（交通経歴　一九年八月）

私は平成九年に交通巡視員として拝命し、京都府警察の一員となりましたが、主な業務である駐車違反取締りは、様々な現場や違反者の応対に苦労し、涙することもありました。しかし、そんな苦い記憶ばかりでなく、心が熱くなった印象深い思い出があります。

「あ、もしもし、西川さんいはりますか。」

電話が鳴り、受話器を取ると、私を名指しで呼び出す電話でした。どこかで聞いたことのある声だ、と思いながら名前を尋ねると、その女性は以前に駐車違反で私から反則告知を受けた者だと名乗りました。特徴のあるかすれた感じの声と、決して品がいいとは言えないものの親しげに話しかけてくる口調から、すぐにその女性を思い出すことができました。

しかし、この女性に告知してから約三週間が経っており、違反者がわざわざ警察に電話をかけてくるなんて、そうそうありません。今更どのような用件だろう、あの時の文句か、腹いせの取締り要望か、と不安を抱きながら用件を尋ねると、その女性は堰を切ったようにこう話し始めたのです。

熱い気持ちを忘れずに

「あの日、切符を切られたときに西川さんに言いましたよね。もう駐車違反はしいひん、飲酒運転も事故したら何にもならへんし絶対せえへん。この青い紙を戒めとして免許証と一緒に持っておく、と。それなのに私、昨日交通事故を起こしてしまったんです。西川さんとの約束を破ってしまったから謝りたくて。」

それを聞いて驚きました。私が思っていた、文句でも腹いせの取締り要望でもなかったのです。この女性は、私に切符を切られたことをきっかけに、本気で安全運転の誓いを立てたのにもかかわらず、交通事故を起こしてしまったので、そのことを私に謝ろうと思い電話をかけたというのです。

当時、私は三年間のカラーガード隊勤務から第一線の警察署へ異動して数か月も経たないときでした。カラーガード隊の時の重い旗をボールペンに持ち替えて、久々の一線での勤務に緊張しながらも、少しでも早く慣れて、一件でも交通事故が減るよう頑張ろう、と日々業務に励んでいました。

しかし、第一線での現場では、違反者から言われなき非難を受け、どんなに説得しても自分の思いが伝わらず、この仕事を続けていくことへの不安や、これではいけない、なんとかしなければ、という焦りを感じて、仕事に自信を失いかけていたのです。

そんな矢先にかかってきた、この違反者からの電話は、私のそんな後ろ向きになりかけていた気持ちに「待った」をかけてくれました。

この女性と出会ったことで、違反者の中には「こんなに素直に反省して交通安全に心がけてくれる人もいる。たった一度の反則告知が一人の違反者の意識をこれほどに変えることがあるのだ。」ということを知ったのです。

「警察の人は恐いイメージやったけど、あんたみたいな人もいるんやな。頑張ってや。」

その女性は最後にそう言って電話を切りました。私はこの女性の電話のあと、胸が熱くなり、失いかけていた自信を取り戻すことができたことを記憶しています。

現在の所属である駐車管理センターでは、毎日多くの電話がかかってきますが、自分の違反の反省を伝えてくる違反者はまずいません。違反者がかけてくる主な内容は、違反の弁明、違反の取消し、取締りへの怒り、他の違反の取締り強化など、担当業務以外の内容も多々あります。そんな電話応対ばかりだと、「違反を反省する人なんかほとんどいない」とも思えてきます。

しかし、この女性とのやりとりは私の心の中でずっと印象深い記憶として残っており、何年も経った今でも業務の励みとなっています。一回の電話でも一つの出会いです。その電話のやり取りが少しでも相手の心に残り、それが交通安全につながれば、それが一件でも交通事故が減ることにつながれば、という思いを込めて、丁寧、真摯な応対を心がけるようになりました。

われわれ、警察職員の仕事は多岐に渡りますが、感謝されることより、つらい仕事の方が多いように感じることもあります。私も、日々の業務のなかで心がしんどい、と思うこともありますが、この女性との出会いから得た「熱い気持ち」を胸に抱き、警察職員としての誇りと使命感を持って、府民が安全安心を実感できる社会の実現に貢献する警察官になるよう、日々努力を積み重ねていきたいと思います。

誇りと使命感

高速道路交通警察隊　巡査　井口　健一（三六歳）
（交通経歴　七年四月）

「しょうもなすぎる　ほかにやることないんか　税金泥棒」

私たちが交通取締りにおいて違反者（府民）からよく浴びせられる言葉です。

交通警察官の最大の使命は死亡事故を一件でも減らすこと、この目的達成のため交通取締りを行う訳ですが、日々の交通取締りにおいてこのような言葉を浴びせられ続けると、自分たちの職務執行は人々の役に立っているのかと思い悩むことがあり、取締りの目的が薄れてしまいがちになることがあります。

私はそんな時、思い起こすようにしている出来事があります。それは、私が交通警察官となって三年目が経過した、夏が過ぎたとはいえまだ暑さが残る九月のことです。

午後の取締りを終えて、パトカーで署に戻る途中、本署指令室より「国道〇号で車同士の人身交通事故　至急現場急行せよ」と指令を受けました。

国道〇号は交通事故が多発する路線であることから取締りを強化し、この日の午前に取締りを実施したところでした。

この時、私は
「取締りしたとこでなんで事故するねん」

と腹立たしく思いながら、現場に向かいました。

現場に近づくにつれ、車両は渋滞、対向車両は一台も通過してこない状況から
「これは大事故かもしれない」

と事故関係者の無事を願う気持ちと緊張感が沸いてきました。

現場に到着すると、片側一車線の道路に車両の前部を大破した軽自動車と普通車が向かい合う形で道路に停止していました。その状況等から車両二台が正面衝突した事故で、明らかに軽自動車がセンターラインを割ったことに原因があることが分かりました。

軽自動車の傍らには事故当事者と思われる年齢五〇歳くらいの女性が必死の形相でこちらに手を振る姿が見えました。

私はパトカーから飛び降り、その女性のもとに駆け寄ると、女性が

「助けてあげて下さい　お願いします　すごく苦しそう」

と声を震わせながら助けを求めてきました。

私が軽自動車の車内を確認したところ、車の前部が大きく凹んだ車内に三〇歳くらいの男性が額から流血し腹部を押さえながらもがき苦しみ、私に

「痛すぎる　なんとかしてくれ　死にたい」

と悲鳴を上げて痛みを訴え、見るからに危険な状況で一刻を争う救助を必要としていました。

この時私は胸が急に熱くなり

「なんとしてもこの男性を助けたい　絶対に死なせない」

という感情がこみ上げ無意識に

「大丈夫や　大丈夫　しっかりしろ」

と大声で何回も呼び掛けながら、車内にいる男性に楽な姿勢を取らせようと車から必死で引きずりだし、交通整理を行いながら救急隊の到着を待ちました。

しばらくして男性は救急隊により応急措置の後、救急搬送され、そのまま集中治療室で入院となったもののなんとか命を取り止めました。

そして事故から約三か月が経過し、その男性を事故の当事者として取調べを行うこととなりました。

取調べの日、男性は首にコルセットを巻き、松葉杖を付き父親の助けを借りながら現れました。取調べを行った際、男性は

「おまわりさんありがとう　事故の現場で励ましてくれてたな。事故現場はよく取締りしてるところやろ、でも事故の日はしてへんかったし、油断してもうたわ。やっぱり取締りは大事やな。」

と笑顔で話す姿を見て目頭が熱くなりました。

この言葉は事故現場で励ますことしかできなかった私にとって思いもよらない言葉であり、また今まで交通警察官になって初めて感謝された言葉でした。

そしてその男性は車の整備会社で働く男性で、将来の夢は父親の経営する整備工場の後を継ぐことでした。

取調べを終えて、父親の手を借りながら車に笑顔で乗り込む前に男性と父親が私に

「ありがとうございました」

と深く頭を下げ車は発進しました。

この時に私は、もし今回の事故でこの男性が亡くなるようなことがあれば、男性の夢は叶わなかったんだと思いながらその車を見届けました。

私たちの仕事は地味で報われることが少ない仕事で、個々の対策がいつどこで誰の事故を防止することに役立ったかは、誰にも知ることはできません。

しかし、安全を願う気持ちを忘れず、職務執行を通して人々を笑顔にできるものと信じ、より一層

前向きに仕事に取り組むきっかけとなった出来事でした。

息子の声援

山科警察署　巡査部長　水田　俊寿（四九歳）
（交通経歴　二二年九月）

一　同僚の笑いと息子の涙

私が京都市内のとある警察署の交通課で勤務をしていた数年前、事故捜査係員の服装が現在の交通事故捜査活動服に変更になりました。その時の悔しさ、恥ずかしさは今も忘れません。服装変更の初日が私の当番日であったことから、私たちの班が署で最初の着用者になったのです。着替えを終え、当直長や当直員と一緒に集合した時、当直長から「それが新しい服か？」との声とともに笑いが起こりました。私の太めの体型も合わさりそれは当直員はもとより、他の居合わせた署員も興味津々で続いて笑いが波のように署内全体に伝わりました。スリムで長身のスタイルのよかった無口な部下も嫌なのか「みんなに笑われましたね。」と珍しく口を開いたのです。

当然現場に行っても事故関係者はもちろんのこと、現場臨場中の地域課員も付近住民も物珍しさで見ており、中には関係者から「警察官」であることを信じてもらえなかったこともありました。家に帰り妻に服についての話をすると、「一度着てみて欲しい。」とのリクエストに応え「家族はどう思うだろう?」との興味もあり着てみると、妻は声には出しませんでしたが笑顔は無く、帰宅した当時小学生の息子は、私の姿を見るなり「何それ。」と不満の声を出し二階の自室に駆け上がったのです。後で妻に息子の様子を聞くと、息子は涙を溜めながら「お父さんかっこわるい。」と言い、近くにあったミニカーのレッカー車に乗る人形を指さしたそうです。幼い息子にとっては以前、私が白バイ隊員として乗車服を着て勤務していた姿とのギャップが大きかったようです。

頼みの綱（筆者は右側）

二　多重事故の現場

新しい服を着て仕事を始め季節の変わったとある日曜日、私と新人の部下が当番日一件目の事故捜査を終え署に帰る際、何気なく信号停止していると、私たちの車両の右横をものすごい速度で一台の車が通過したのです。そこは他署管内ではありましたが、何か嫌な思いを感じ部下と共に先を確認しようと進んだその時、前方で大きな音とともに煙が上がるのが見えたのです。私と部下は「えらいこっちゃ。」との声しか上げられず緊急で向かうと、先ほどの車が信号待ちの車やバイク、そして対向の外国人を乗せた観光バスに衝突していたのです。

現場到着した私たちは、血だらけで倒れている人やうずくまっている人を見て「とんでもない事故だ。」と考えつつ直ぐ無線で応援を求めたのですが、大型バスが道路を塞ぎ、パトカーはもちろん交通機動隊の白バイや交番のバイクも来られず私たち二人しか「警察官」はいなかったのです。その中でも部下は新人ではありましたが落ち着いて写真撮影・現場停止位置のマーク等を行ってくれ、私は運転手の確保と事情聴取、救急車の手配等分かれて実施出来たのです。

当然服は血だらけ泥だらけで汚れてしまいました。なかなか応援の来ない中、年配の交番員が走って到着、また上空に航空隊のヘリも駆けつけその無線から「事故捜査員の服を着た署員が先着現場見分中。」との一報が無線マイク越しに聞こえ交番員も私を見るなり「事故班員先着有り」との署への連絡とともに、私に「事故班の部長、私何したらいいですか?」と指示を聞いてきたのです。そして、遠方より所轄の事故班員や本部交通鑑識係員が多数「交通事故捜査員活動服」を着て駆け足で上り坂を駆けて来たのが見えました。

その時、私はあれほど嫌がっていた「交通事故捜査員活動服」が「かっこよく」見え、うれしく頼りに感じたのです。

現場が落ち着き歩道で立ち止まり自分の署に連絡を入れようとした時、周囲の観光客からは「おまわりさん大変でしたね。」、「事故後直ぐ警察官が来てくれてほっとした。」と声をかけられ、横にいた交番員も「事故班の人がいてくれて良かったです。」と私を見て言ってくれました。その言葉に「事故班員として役に立ち、まわりから信頼された。」と実感しました。

三　息子の励ましと事故捜査員の誇り

観光地での大きい事故であったため、テレビのニュースでも取り上げられ画面に映る私を見た息子は少し驚いたようで妻に、「お父さんが走り回っている。」と興奮しながら言っていたそうです。

後日、二〇〇〇年生まれの職員の子供に対し、警務課から警察官の親宛に手紙をとの依頼を息子が受け、私宛の手紙には「青と黄色の服を着てるお父さん頑張れ」と書かれており、事故班として仕事をする私を妻や娘と一緒に応援しているとも書いていました。得てして地味で希望者の少ない事故捜査係ですが、車両・路面痕跡が事故状況と一致することを発見し事故当事者はもちろん他の署員から「すごい」・「なるほど」との声を聞いた時、実況見分・取調べした状況が後に防犯カメラやドライブレコーダーの映像記録と一致した時、深夜誰もいない交通課の部屋で一人喜びを感じたりすることもあります。

今この「交通事故捜査員活動服」を着用し、その誇りを感じるとともに、上司・先輩・同僚等はもちろん、息子や娘そして妻に悲しい思いをさせないよう適正捜査・受傷事故防止に努め、家族に誇りに思ってもらえるよう日々努力するつもりでいます。

この京都府警で一番大きいサイズの「交通事故捜査員活動服」を着て。

残された者

田辺警察署　巡査　小根山和史（二九歳）
（交通経歴　一年一〇月）

平成二八年、府下交通事故死亡者数を六〇人まで減少させ、目標と掲げていた六一人を下回る事が出来た事は、一交通専務員として喜ばしい事である。

しかし、この「六〇人」という数字の見方を変えれば、昨年は六〇人という尊い命が交通事故により失われ、六〇もの世帯が突然大切な家族を失ったということになる。

この現状を考えると、いくら目標を達成出来たとはいえ手放しに喜ぶ事は出来ない。

私は交通事故捜査員となり早二年が経過する中で、自らの手で交通死亡事故を六件取り扱った。

この「六件」という取扱い件数は、私は非常に多いと感じている。

犯罪の故意性や過失性を考えずに「人の死」というもので比較すれば、刑事の新人捜査員が二年間で六件もの殺人事件を取り扱うであろうか。

昨今のテレビ等でも、飲酒運転や無免許運転等悪質危険な運転行為による死亡事故の発生や事件の判決等がたびたび報道され、「交通」に対する国民の関心が非常に高いことが読み取れる。

そのように考えても、交通専務員は警察組織の中で「国民の生活」「人の命」に一番携わっているのではないかと思い、自らの日々の職務に誇りを感じている。

私は交通事故捜査班の班員として、死亡事故により大切な人を失い、突然「交通事故遺族」とされた方の対応をし、話を聞いて調書を作成してきた。

どのご遺族の話も、突然家族を奪われたそれぞれの悲痛な想いがあり、調書作成時涙を誘われる。

平成二八年三月に発生した二重轢過による死亡事故の取扱いにおいて、主人を奪われた夫人から私は話を聞いた。

満開に咲くひまわりのような笑顔を守るため

被害者の四十九日を終えてからの聴取となったのだが、夫人は余りにも突然過ぎる主人の先立ちを未だに受け入れる事が出来ずにいた。

非番日の午前一〇時から聴取を開始するも、夫人の表情は非常に暗く私になかなか口を開いてはくれずに、私の一方的な投げかけが続いた。

夫人の沈黙が小一時間経過したところで、私は夫人に「亡くなった人は自らの無念さを私に話す事は出来ない。しかし私は捜査員として、被害者の想いを根こそぎ拾い被疑者に理解をさせたい。心苦しいであろうが被害者の為にも、突然大切な家族を奪われたご遺族の想いを私に話してはくれないだろうか。」と遺族調書の必要性を訴えた。

すると、夫人は目に涙を浮かべながら「主人の死から約三か月が経ちました。しかし私は未だ主人の死を受け入れる事が出来ず、今でも玄関先から物音が聞こえれば主人が帰ってきたと急いで玄関先に駆けつけております。主人の声や主人の笑顔が私の脳裏から離れずに、一人寂しくしている時どこからともなく聞こえてきます。主人の死の哀しみを和らげようと娘が色々と私に気を遣ってくれています。しかし、心の痛みは和らぎません。ですから、今日この場で警察官に私の想いを伝えても何も変わらないと思い黙っていました。」と口を開き、「主人の想いをどこまで伝えられるかは分かりませんが、今からお話しさせていただきます。」と話し始めてくれた。

遺族調書を取り終えた時、気付いたら時刻は午後六時を過ぎていた。

休憩を挟まずに長時間調書をとり続けていたので、さすがに夫人も疲労困憊であろうと顔を見たところ、夫人は来署した時よりも表情が明るくなり目に涙を浮かべながらも、時折笑顔を垣間見せてくれた。

夫人からは「今日警察官に主人の事を話す事が出来て良かった。いくら悲しんでも主人はもう帰ってこない。主人の分まで精一杯生きたいと思います。」と前向きな気持ちを私に示してくれた。

私は交通専務員である。

交通専務員の本来の目的は「交通事故抑止・死亡事故絶無」である為、すでに死亡事故が発生したこの現状を考えると目的の達成は出来てはいない。

ただ、交通事故による哀しみを抱え込むご遺族の苦しみを和らげる手助けを少しでも出来たのであれば、私は交通専務員として職務を全う出来たのではないかと自負しやりがいを感じている。

しかし交通専務員であるならば、この夫人のように交通事故により大切な人を突然奪われることを安全教育・交通規制・交通取締り等「見せる活動」で対策していかなければならない。

まだ先ある交通専務員としての人生、しっかり地域に目を向け耳を傾け、いつか交通事故による「残された者」がゼロになる日を目指して……。

短い言葉

交通企画課　警部補　福山　智晴（四一歳）
（交通経歴　一二年）

約一〇年前、私は高速隊の隊員として勤務していました。

寒い二月、京滋バイパス上り線宇治西ＩＣ付近において、車両一二台が関係し、死者三人を出す大規模事故が発生しました。

この事故の状況は、宇治西ＩＣ流入から京滋バイパスに歩いて入り込んだ男性が大型貨物車に接触し転倒、大型貨物車は一旦は停止したものの現場から立ち去り、男性を救助するため後続車が一一台停止したところに、過労運転のタンクローリーが追突し、計一二台が関係する大事故となったものでした。

過労運転事故に目が向きがちですが、本件の発端は大型貨物車が男性に接触、転倒させた後、現場から逃走したことで、男性はこの日から意識不明の重体で長期間の入院を余儀なくされた高速道路上における重傷ひき逃げ事件だったのです。また、車両と人の接触のみで部品の落下もなく現場証拠は皆無に近いものでした。

大規模事故発生を受け、この日から高速隊には一遍に「一二台が関係する事故の解明」、「過労運転の解明、立件」及び「発端となった重傷ひき逃げ事件」の三つの捜査班が立ち上がることとなったのですが、私が下命を受けたのは重傷ひき逃げ事件の専従捜査でした。

専従員は高速隊からの三人と当時の交通指導課から来られたS班長の四人で、証拠の少ない重傷ひき逃げ事件としては少人数での捜査が始まったのです。

当時、私は交通警察官となって三年目の終わり、事故捜査係の経験はありましたが本格的なひき逃げ事件の専従捜査は初めてでした。

防犯カメラ捜査、ＥＴＣにかかる捜査、目撃者の取調べに始まり、車当たり捜査などS班長の指導を受けながら、新しい経験を積んでいきました。

なかでも、私が担当することになったのは、被害男性と同居していた兄からの事情聴取でした。

被害男性は当時、四〇歳過ぎだったと思います。そして、兄は五〇歳手前で兄弟二人で住んでおり、他に親類はない様子でした。

S班長と私は、被害男性の病状や負傷の経過について確認や聴取のため、たびたび入院先の病院を訪れました。

その際、弟の様子を見舞う兄に出会い、そこから少しずつ被害男性のことについて聴取や捜査経過の説明を始めていったのですが、当初、兄の態度は非常にぶっきらぼうで乱暴な口調と相づちを打つ程度でしたが、病院で、また、自宅で聴取させてもらうたび、徐々に話をしてくれるようになり、時折笑顔を見せてくれるようにもなり、私たちの捜査への思いが伝わった印象を受けました。

そして、約三か月が経過し、捜査の過程から浮上した一台の大型貨物車を突き止め、被疑者検挙に至ったのですが、被害男性は意識が戻らないままで回復の見込みも見られない状態でした。

被害男性に代わり、この兄から供述調書を作成することになり、自宅を訪問し、被疑者の検挙に至ったことや、検挙に至る経過を説明し、調書を作成させて欲しいことを告げると、兄は、日々の自転車での通院ですっかり日焼けした顔を深々と下げて

「三か月も経って、相手が捕まるとは思ってもみなかった。ありがとう。」

と小さいながらもはっきりとした口調で言っていただき、本当に快く調書の作成に応じてくれました。

被害男性の生涯や重い障害を持っていたこと、夜間の徘徊癖があり家族として心配が絶えなかった

こと、たった一人の弟が寝たきりになり本当にかわいそうだなど、訥々と話をして下さり、これらを私は、S班長の助けを借りながら、ペンを走らせ、調書を完成させることができたのです。

調書の作成が終わり、私たちが礼を言って、被害男性の自宅を出るときに、兄はまた、「ありがとう。」と礼を言ってくれました。

帰りの車中、S班長からは兄からの言葉を受けて
「あんな言葉をかけてもらえることは、ないで。」

との言葉をかけてもらい、私自身は兄の言葉を聞いた時には漠然と、「礼を言ってもらえた。」くらいのものが、「人の役に立つ仕事ができた。」と感じるようになり、ようやく捜査員として一歩が踏み出せたのかな、と思えたのです。

そして、この事件の送致が終わり、数週間が経った頃、「被害男性が亡くなった。」との連絡が入ったのです。

送致と共にひき逃げ捜査班は解散しており、私も通常の業務に戻っていたのですが、ふいに私が上司に呼ばれたのです。

話された内容は、「被害男性の兄が、解剖を嫌がってるようで、同意書をもらってきて欲しい。」とのことで、弟の遺体の解剖を拒否する兄の説得をするよう、言われたのです。

私は取り急ぎ、被害男性が入院していた病院に行き、待合に座っていた兄に面会しました。

兄は、最初厳しい表情で私の拙い、「事故と死因の因果関係が必要。損害賠償の観点からも必要な

こと。」との説明を聞いていたのですが、最後に一言
「あんたに言われたらしゃあないな。」
と言い、同意書に署名と押印をしてくれたのです。
私は、下命に応えられ責任が果たせた、という思いの他に、「関係者の方が自分を信頼してくれた。」という思いがわき上がり、自分が数箇月間してきた仕事に自信と喜びを感じることができたのです。

この事件での被害男性の兄や途中に班長からもらった言葉は、非常に簡潔で短いものでしたが、こちらが一所懸命に仕事をやっていれば見ていてくれる人がいる、次へのモチベーションアップに繋がる、重要な言葉になりました。

今で言う被害者支援の一コマですが、丁寧な対応を心がけ、どのような目線に立てばいいかを考えながら向き合った結果、幸運にもよい結果に結びついたものと思います。

この後、主に事故捜査ばかりを主戦場に仕事をし、否認する被疑者が自認に至った時、交通事故の裁判で実刑をとり被害者から感謝の言葉をもらった時など、仕事をしていて喜びを感じる場面、報われたなと思える場面に出会いましたが、この事件は自身初ということもあり、証拠が少なく難しい捜査事項が多数有り、自身のターニングポイントとなった非常に鮮明な印象が残る事件です。

交通警察官をしていますと、被疑者、違反者、事故当事者、被害者といった様々な立場の人がい

て、多くの心ない言葉を受けることもあり、目的、目標を見失うこともあります。

しかし、このように直接、関わった人の表情が見え、その人の言葉で思いを伝えてもらうことで、自信に繋がる出来事に出会うこともあります。

一般府民の要望、希望に応えられたと感じる、貴重な時間が過ごせるのです。

短い言葉の裏には、たくさんの思いが詰まっているのです。

交通警察に憧れて

交通企画課　警部　野々下俊彦（四七歳）
（交通経歴　一一年六月）

私は、憧れて交通警察に入りました。

交通問題は、我々の生活に身近で、自動車や自転車の交通マナー、駐車問題や暴走族、運転免許に交通事故と、日常生活の中でも接する機会が多く、この諸問題に貢献できないかと思ったこと、そして何より、交通警察官がかっこよく思えたのです。

白バイや覆面パトカー等の花形もさることながら、街頭で活躍する交通警察官の躍動感ある仕事に魅力を感じたのです。

交番で勤務をしていた頃、よく交通課の行う取締現場を見つけては、一緒に取締りに従事していましたが、白い制帽や帯革を身にまとい、身体ひとつで道路に乗り出し、交通違反をする大きなトラックを停止させる果敢な姿、時に大声を張り上げる違反者に、冷静かつ巧みな説得で違反者を納得させ、告知する姿がかっこよく見えたのです。


ところが、いざ交通警察官になると、現実は少し違っていました。

憧れの白い制帽や帯革を身に付けることはできましたが、毎日毎日、暑い日も寒い日も街頭での交通取締りに出かけ、違反者からは、まるでこちらが悪いことをしているかのように文句を言われ、警察内部からも、

「交通警察が警察全体の人気を落としている。」

と言われながらの仕事で、かっこいいことは何ひとつありませんでした。

時の上司からの、

「その人の命を救うためには、文句を言われるぐらい我慢せよ。」

「日々の努力が、きっと交通事故の減少につながるはず。」

との言葉を信じ、この一つひとつの積み重ねが何かの役に立っているんだと自分に言い聞かせながら頑張っていました。

一方、交通事故の取扱いでは、心が痛むことが数多くありました。

働き盛りの男性が亡くなられた事故では、そのお母さんが孫を連れてやってきて、「あの子の子供なんです。」と涙ぐんで紹介されましたが、その小さな笑顔には、かける言葉がありませんでした。

住宅街にある交差点の真ん中で車にひかれ亡くなったおじいちゃんの事故では、「あんなところをうちの人が歩いているはずがない。」とおばあちゃんが何回も署を訪れました。

排気マフラーからつないだホースが助手席の窓ガラスにガムテープで固定された状態で無人の駐車車両に追突し、その理由を聞けないまま、運転者が亡くなってしまった事故もありました。

親子三人乗りの軽自動車が対向車線に出てバスと正面衝突した事故では、即死した二人の子どもは笑顔のまま亡くなっていました。

交通警察官になって駆け出しの頃は、自分勝手な言い訳をする者や腹いせに我々に怒りをぶつける違反者に、私もいらだちを感じて言い返したりもしましたが、いろいろな取り扱いをしているうちに、私自身も成長して、先に上司から言われていた言葉の意味が少しずつ分かるようになってきた気がします。

交通警察は、短期的にも長期的にも目標を立てて取り組んでいますが、その目標を達成しても、また新たな目標に向かって突き進まなければならない、終わりのない仕事です。科学の進化で自動車や道路も進化し、交通問題も新たな問題が次々と発生しますし、道路交通に関する法律は状況に適したものに変わります。

それでもやっぱり、私は交通警察が好きです。

平成二八年中、京都府下では、交通事故死者数が過去最少を記録しました。もちろん、私の何代も前の諸先輩方が培ってこられた成果であるとは思いますが、ひょっとしたら、その成果に私の微力も及んでいるのかもしれません。

一人一人の力は僅かかもしれませんが、この力が一つになって大きな成果を出すことが出来る、これが交通警察だと思います。

時代が流れ、自動車や道路が進化しても、交通問題が我々の生活に身近であることに変わりはありませんし、交通事故が府民にとって一番身近な恐怖であることにも変わりはありません。

交通事故の心配をする必要がない、交通問題のない生活、そんな生活を作ることが、我々の究極の目標であり、今後も、その地道な活動が、府民が安心できる生活につながっていけば幸いです。

交通課員一年目

向日町警察署　警部補　津幡　崇史（四三歳）
（交通経歴　一年）

私は、平成二七年四月から平成二八年三月まで、福島県警察に特別出向した。配属先は、警察本部警備部災害対策課特別警ら隊相双《そうそう》分駐隊というところで、福島第一原発から一〇キロ圏内の「双葉警察署浪江分庁舎」を拠点として、依然として放射線量の高い、避難指示区域の警戒・警らに従事した。

それら避難指示区域では、住民が未だ帰還していないエリアでも、放射性物質の除染作業と、福島第一原発の廃炉作業など、福島県の復興に向けた動きが、全国から集まった作業員により行われていた。

それら復興作業に必要不可欠であり、最優先で整備されたのが「道路」だ。鉄道が運休している地域で、各種作業員は、避難指示区域外から車やバスで出勤する。除染作業によって排出された除染廃棄物は、トラックやダンプで運搬される。帰還した人は、みな口をそろえて「以前は静かな田舎だった。」と言う。

原発事故前と後では、交通量が圧倒的に異なる。

帰還した人は、作業員が全国から駆けつけたことに感謝をし、「作業員全員ではないけど。」と前置きしながらも、「ダンプが暴走して怖い。」「通勤の車が交通ルールを守らない。」と漏らした。

それらの声は、決して少数ではなく、お目にかかったほとんどの方から聞かれた。そのとき私は、「作業員と帰還した住民との溝が深まったままでは、復興は成し遂げられないのではないか。」、「この地域で警察に求められていることは、作業員にしっかり交通ルールを守ってもらうことではないか。」と考えた。

こういった考えをベースに、福島で警らする際は、自分ができる限りの交通取締りをしてきた。

そして、その時、違反者に説明していたのは「復興作業御苦労様です。でも、せっかく復興に全国からいらっしゃっているのに、事故を起こしたり、住民に怖い思いをさせることは、違反者さんにとっても本意ではないと思います。帰還している人は、みなさん作業員に心から感謝していらっしゃいます。この地域の復興を成し遂げるために、交通ルールを守ることから始めましょう。全国から集まっているのは警察官も同じです。復興のために、一緒に頑張りましょう。」ということである。

作業員の違反者の中には、せっかく復興のために地方から出てきたのに、住民と接する機会がないため、感謝の言葉に触れたことがない方もおり、当初「これじゃ何のために福島に来たのか分からない。」と声をあらげる方もいたが、住民が感謝していることを告げると、何だかほっとした様子で、態度を改める方もいた。

安全・安心なまちを目指して

復興作業をこれからも進めなければならない福島県で、作業員と帰還した人との融和を図るために、福島県でしてきたことは他にもあるが、交通違反の検挙は、単なる事故抑止だけでない重要なツールであったと私は確信している。

「交通取締りは、地域の秩序回復、維持に必要不可欠である。」

この発見が、四三歳にして交通警察を志望することとなった理由である。

福島県で、帰還してきた人や作業員からたくさん話を聞く中で、「帰還している人」の作業員に対する「感謝の気持ち」と「取締要望」に触れ、作業員の疎外感に触れ、その疎外感を和らげて交通秩序の維持を図るとともに、地域住民に更によい環境を提供する。

住民の帰還を促した、とまではおこがましく、「自己満足」と言う人もいるだろうが、「さっきサイレンを鳴らして、取締りをしてくれていたでしょ。ありがとう。」と言われるなど、大切な「住民の声」に裏切られることは絶対になかった。

私は現在、向日町警察署で、交通指導取締りをしている。

交通指導取締り中は、できる限り通行者に、私から挨拶をしている。

すると、大体聞かれるのが「何かあったのか。」という問いかけであるが、「いやいや、この前、事故もありましたし、事故が起きないように取締りをしているのです。」と答えると、住民の方は、口をそろえて「そうや。ここ危ないいんや。」と言い、最後に「ごくろうさん」「ありがとう」と言ってくださる。

住民はみな、地域が安全で安心に暮らせることを望んでいる。

交通事故に遭わないことを、交通事故が発生しないことを望んでいる。

福島県とは違って、こちらでは告知の際にひとこと言う違反者も少なくないが、現在行っている取締りは、誰が何と言おうと、事故の発生状況を分析して、事故を抑止するための取締りである。住民の「ごくろうさん」「ありがとう」という声に支えられながら、違反者に何と言われようとも、「この付近は事故が多いからこの取締りをしているのです。」と説明しながら、違反者が今度この道を通る時は、「捕まるから」ではなく、「『事故が多発する場所だから、気をつけよう』という穏やかな気持ちを育てたい。」という思いを持って、交通専務員として充実した日々を過ごして、間もなく一年を迎える。

ある遺族の想い

交通捜査課　警部補　鬼束　龍一（五二歳）
（交通経歴　二〇年二月）

一　私を変えてくれた事件

平成八年春、私はY警察署で初めて交通事故捜査員となりました。

日々の業務に追われながら半年が過ぎた頃、深夜の国道一号で死亡ひき逃げ事件が発生したのです。

現場の道路は、それまでに見たこともない程に、大量に散乱している逃走した被疑車両の部品、被害者が運転していた滅茶苦茶に破損したバイク、被害者から出た大量の血のかたまり。被疑者が運転している車は現場から逃走していたのです。

そこは、まさに悲惨なひき逃げ事故の現場でした。

その現場で、本部の捜査員らと一列に並びながら道路に這いつくばり、被疑車両につながる道路に残った痕跡を検索していた時、被害者の三〇歳代の男性が搬送先の病院で死亡されたことを無線で傍受しました。

被害者の無念を晴らすために

私は、現在に至るまで、何度も死亡事故や死亡ひき逃げ事件等の現場に臨場して捜査していますが、この時の光景や記憶は今でも鮮明に蘇って来ます。

逃げた車と運転者は、目撃者の目撃状況から数時間後に判明し、トラックが右側車線から左側車線に進路を変える際、左側車線を直進中のバイクに衝突して現場から逃走した事故であることが判明しました。

そして、被疑者を逮捕することができましたが、事件捜査経験の浅かったその頃の私は、これでこの事件は終わったと思っていました。しかし、この事件のある捜査が私の意識を大きく変え、退職するまで交通警察官として府民のために仕事を続けていくことを決心することができたのでした。

二　**遺族の想い**

私に課せられた捜査は、司法解剖を終え、遺体となって家族の元に返った被害者のご遺族に対して、事件の捜査状況の説明や被害者の生前の事などを聴取する、いわゆる遺族調書を、お通夜の前に聴取し、その場で供述調書を作成するという任務でした。

私は、「まだまともに調書を取ったこともないのに。私一人でご遺族の前で調書を取るのはつらい仕事やな。」と思いながらご遺族の自宅に赴いたところ、笑顔で出迎えてくれた被害者の父親と対面しました。

ご遺族の自宅は、お通夜があるというのに、簡素な仏壇と被害者の遺影だけで、父親以外は人気がなく、被害者の家族関係から聴取を始めました。

父親から、「息子の母親は、息子が幼い頃に病気で死別し、私と息子の二人で暮らしてきました。毎日遅くまで仕事をして、バイクで家に帰る途中にこんなことになるとは思いませんでした。親戚もいないのでひっそりと葬儀をします。」

そして父親は、「まだ息子が亡くなったことが実感できず、泣くこともできません。お巡りさんと息子が同じくらいの歳なので、お巡りさんに話が出来て良かったです。」と話してくれたのです。

私も父親に、「私も幼い頃から、母親と二人で生活し、九州から歴史ある京都で警察官になりたいと思い警察官になったんです。」と話して調書を終了し、最後にもう一度、無念のまま亡くなった息子さんの遺影に手を合わせている後ろで、それまで笑顔で接していてくれた父親が、「息子は道路を真っ直ぐに走っていただけなのに、何で死ななければならなかったのでしょう。」、「警察の方が、犯人を捕まえてくれて感謝しています。」などと話しながら、突然一本の線が切れたように泣き崩れてしまわれたのです。

私は、息子さんの仏壇の前で、涙に堪えながら何十分も父親の手を取ってあげることしか出来ませんでしたが、その時にご遺族の想いをしっかりと受け止めたのです。

私は、父親と別れて警察署へ向かう帰り道、自然と涙があふれ出しました。

警察官の仕事で、本当の涙を流したのは初めてでした。

私は、「被害者を一人でも少なくしたい。」「悲しむ人を一人でも少なくしたい。」「自分が選んだ交通警察で警察人生を全うして、交通事故を一件でも減らすことのできる仕事をしたい。」と強く決意し、その日「犯人検挙だけが事件解決ではない。被害者やご遺族の想いを汲み取れ。」ということを教えてくれた上司に感謝したのです。

その二〇年以上前のことが、現在とこれからの私を支えていくことと思います。

三　魅力ある交通警察

私は、若手の交通警察の捜査員には、「常に交通捜査員のプライドを持って仕事をしろ。」と指導しています。警察官は犯人を捕まえることが仕事です。交通警察も刑事警察に負けない捜査をして犯人を検挙することは、重要な仕事の一つです。

そして、交通警察の一つひとつの地道な仕事こそが、府民の安全・安心を支えることができる尊い魅力ある仕事であると信じています。

交通警察官の誇りと使命

宮津警察署　巡査部長　神本　将也（二六歳）
（交通経歴　二年五月）

「俺がやらなければ誰にもできない。」

私がこう強く感じたのは、交通機動隊で白バイ隊員として勤務し一年が経とうとする頃でした。

私は平成二四年四月に京都府警察官を拝命、警察学校を卒業後、地域警察官として二年間勤務し、平成二六年九月に交通機動隊白バイ小隊に配属となると同時に交通警察官としての一歩を踏み出しました。

元々私は、幼い頃に見た白バイ隊員が、都大路を颯爽と駆け抜ける姿に憧れ、「白バイ隊員は格好いい」という単純な理由で、警察官を目指していたのですが、私が大学一回生の時、友人がバイク事故で亡くなるという出来事がありました。

私は突然の知らせに「友人が亡くなった」という現実が理解出来ませんでしたが、ご遺族とお会いする機会があり、事故の状況等を聞いたところ、「バイトに向かっている途中、バイクで国道を走っていたところ、商業施設から国道に出てきた車と衝突した。」とのことでした。

また、ご家族の方は「警察官からは、息子の方もスピードを出し過ぎていたらしいと言われた。あの事故以来生活が一変した。」とも言っておられました。

私はこのとき、「交通事故は人の人生を大きく変えてしまう。警察官になって事故を無くそう。」と決意し、警察官を目指したのです。

その後、警察官となり、念願叶って白バイ隊員になることができ、「必ず事故を無くす」という交通警察官なら誰しもが持っている決意を胸に、自分がどこまでできるのかというやる気に満ちあふれていました。

課せられた使命

白バイ隊員の仕事は、悪質交通違反者の検挙や交通事故防止のために日々交通指導取締りを行うのですが、やはり様々な違反者と一人で対応しなければならず、違反者から「俺等からお金と点数取って楽しいんか。」や「税金泥棒」、「白バイの仕事ってしょうもないな。」と、心ない言葉を浴びせられることが多々ありました。

毎日のようにそんな言葉を浴びせられ、理想の白バイ隊員とは正反対の現実に、「事故防止のためにやってんのに、誰も理解してくれへん。せっかく目標としてた白バイに乗れたのに嫌やな。」と思いながら、交通取締りを行っていたある日、国道を猛スピードで走行している車を発見し、追尾測定の後、反則告知を行うため、路肩に止まるよう指示しました。

違反車両の運転者に対して反則告知をしていた時、違反者からまたもや「市民から金と点数ぶん取ってそんな楽しいんか。ほんましょうもない仕事してるな。」と言われ、私が切符を作成している最中も、違反者は「事故起こしてないんやし、いいやんけ。」等と私に言ってきていました。

私が、速度違反が重大な事故に直結するということを説明しても、運転者は「事故起こしたことないし、これからも事故を起こすことはないから。」と言って聞く耳を持ちませんでした。

それでも私は、事故を起こすことで加害者も被害者も人生が大きく変わってしまうことを自身の体験を踏まえ一生懸命に説明しました。

すると、運転者は「白バイさんがそこまで言うなら気を付けなあかんな。安全運転するわ。」と、私の思いを理解してくれ、その場を離れていきました。

そんな違反者との対応を終え、違反者を見送った直後、五〇歳くらいの女性が私に「お巡りさんの今のやりとりをそこで見せてもらいました。ありがとう。」と話しかけてきたのです。

私は、突然感謝の言葉を掛けられたことに理解できませんでしたが、話を聞くと、女性は「私の息子はスピード違反の車に跳ねられて死んだ。」と言いました。

その女性は三年前に息子さんを交通事故で亡くされており、今でも「あの車がきちんと速度を守って走っていたら息子は死ななかったかもしれないと思い続けている。」と言っていました。

また、「私は息子を跳ねたスピード違反の車が今でも許せないし、もう二度とそんな車の被害者になる人が出て欲しくない。でも、私はそのような車を取り締まる権限も手段もないし、願うだけで行動はできない。お巡りさんは取り締まりができるから羨ましい。」と言われました。

私はその言葉を聞いて、「交通取締りは俺にしかできない。俺がやらなければ誰にもできない。」と、改めてなぜ自分が交通警察官を目指したのかを再認識し、交通警察官、警察官としての誇りと使命感を感じさせられました。

五分間の交通安全教室

木津警察署　巡査長　藤原　大毅（三六歳）
（交通経歴　七年六月）

「交通事故」それは、現代の車社会においてハンドルを握る運転手の一瞬の過ちで発生するものです。

交通事故と一言に言ってもさいわいなことに物が壊れただけですむ物件事故もあれば、軽い怪我の軽傷事故もあります。また、時には一瞬にして尊い人の命を奪う死亡事故もあります。

現在、私が交通課に任用され交通事故捜査係で仕事をするようになって約七年六か月が経ちました。その間、死亡事故の現場に行ったり、車が横転したり、川に転落したり、はたまた家に車が突っ込むなど「ん?なんで?こんなことになってんだ?」と、首を傾げる謎解きのような事故まで様々な現場に出くわしてきました。

しかし、どんな現場に行っても、私たち捜査員がやるべき事は一つ。事故原因の究明です。交通事故は、過失によるものなので、事故当事者も「なぜ事故をしたのだろうか。なんでこんなことになったのですかね。」と自分でやった事なのに事故原因を的確に答えることが出来ず挙げ句の果てには、逆に尋ねられることさえあります。

そこで、私が一件でも交通事故を減らすために心がけて行っていることが、「五分間の交通安全教室」です。

私たち交通事故捜査係は、人身事故が発生すると直ちに事故現場へ急行し、現場見分や車両見分等を行い、その後、関係者の取調べを行います。この時の関係者は、被疑者、被害者、同乗者、立場はいろいろですが、交通事故に関係した人たちに間違いありません。私は、この取調べの最後に必ず、「五分間の交通安全教室」を行っているのです。

この「五分間の交通安全教室」とは何かと言いますと、取調べの最後に今回なぜ交通事故が起きたのか、自分としてはどうすれば交通事故に遭わなかったのかを考えてもらうのです。

多くの関係者は、「相手の人が急に道路に出てきた。」とか、「相手の人がちゃんと止まってなかった。」だから、交通事故に遭ったと相手の行動を言うのです。

こういう人に対して私は、「相手の人の行動はこちらでは制御出来ません。では、自分自身が、どうすれば交通事故に遭わなかったかを考えて下さい。」と説明します。

そうすると、「私としても右の方をちゃんと見ておけばよかったかなぁ。」とか、「もっと相手の動きを見ておけばよかったなぁ。」など、自分自身がどうすればよかったかを考え答えてくれます。

このように考えてもらえれば目的は達成され、「次から運転するときは、今、答えてくれたことを頭の隅に置いて運転して下さい。」とお願いするのです。相手に事故原因を理解してもらえた時、ほっとする気持ちと同時に仕事へのやりがいを感じることが出来ます。

交通事故関係者の大半が普通の一般市民です。

私たち警察官は毎日のように交通事故を取り扱い、その当事者と接します。事故当事者にとってみれば長い人生の中で一回しか遭わない交通事故かもしれません。交通事故に遭った事実というのは当事者にとっては、一生忘れられない出来事だと思います。その時に、自分が遭った交通事故について考えてもらい、今後どうすれば事故に遭わないですむのかを考えてもらうことは、当事者の心に残り、今後の安全運転につながるものだと思うのです。

交通事故を起こす前に、交通安全教育を行うことにより交通事故の発生を一件でも減らすことが理想だと思います。ただ、発生した交通事故を無かったことには出来ません。交通事故に遭って痛い思いをした、お金がかかったと済ますだけでなく、その事故を教訓にして次から車を運転する際、この「五分間の交通安全教室」を思い出してもらうことで一件でも交通事故を減らすことが出来るものだと考えます。

最後に、私も交通事故捜査員として仕事をして、死亡事故のご遺族から一緒に涙を堪えて取った調書など印象深い経験はありますが、今回は私の仕事に対する「やりがい」について書かせてもらいました。たった五分かもしれませんが、この五分間が、安全・安心なまちづくりにつながる道であると考え、私は今後も「五分間の交通安全教室」を行っていきたいと思っています。

乗り物が好きだから

交通企画課　警部補　佐次　智宏（五六歳）
（交通経歴　三一年一一月）

交通警察官になった理由、乗り物が好きだから、車が好きだから、バイクが好きだから、自転車が好きだから、まっすぐ延びる道路が好きだから、街道が好きだから、峠が好きだから。

幼い頃、家族でドライブに行った。エアコンも無い軽自動車だったけれど楽しそうに写真に写っている、その真ん中には軽自動車があった。

中学生の時、自転車で一〇〇キロメートル離れた日本海までキャンプに行った。自分の足でどこまでも行けることが嬉しかった。生涯の趣味が見つかった。

大学に入学して京都に来た。そこでサイクリング同好会に入った。自転車で北海道を旅して世界が広がった。

自転車だけでは飽き足らず、バイクの免許を取った。中古のバイクを買って乗り回した。風を切って走ること、オイルの焼けるにおいが好きだった。

車の免許を取った。家の車を借りてデートした。二人きりになれることが嬉しかった。

友達が事故に遭った。誠意の無い相手に憤り、一緒に警察に相談に行った。そこで、交通警察官と初めて出会った。世間知らずの学生だった私たちの話をきちんと聞いてくれ、保険のことなど詳しく教えてくれたのですごく安心した。

この出会いが警察官を身近なものにしてくれ、警察官という将来の選択肢を与えてくれた。最初は地元県警しか受験していなかったが、京都府警に就職したサークルの先輩の友達が色々と話を聞かせてくれたことで、京都府警を受験することにした。結局、地元県警は不合格になり、京都府警に採用された。後にこの先輩は交通警察官となり、同じ道を歩むことになった。

ある日、自転車で事故に遭った。取り扱ってくれた交通警察官は学生の時友人の事故でお世話になった人だった。あの時、私は学生、しかし、今は警察官。正しいと思っていた自分の運転にも非があることを厳しく諭され、防衛運転、予測運転の大切さを、自ら事故を防ぐことがいかに大切かを教えられた。

次の春、交通警察官になった。私に自ら事故を防ぐことの大切さを教えてくれた交通警察官と同じ交通事故捜査係員になった。

その頃、初めて車を買った。小さい頃から憧れていたジープ。快適じゃないことを良しとする自虐的な性格の者しか受け入れられない一方、戦争が生んだ兵器としての機能美がたまらなかった。

その頃は、一日一〇件発生することもあり、文字どおり「事故処理」に忙殺される毎日だった。そんなある日、横断歩道を横断中にトラックに轢かれた保育園児の事故を扱い、初めて遺族調書を取った。亡くなった子供は、最初は意識があったそうだが「おしっこがしたい。」と言って容態が急変、息を引き取ったと母親が教えてくれた。その子供の短い生涯を綴り終え、読み聞かせた時、何度も声を詰まらせてしまった。「ありがとうございました。」と言われたが返す言葉がなかった。

そんな私も家族を持つことになり、将来増えるであろう家族のことを考えワンボックスに買い替えた。

そんな時、高速道路で追突された乗用車が側壁に衝突し、後ろに乗っていた赤ちゃんが横に乗っていたおばあちゃんとドアに挟まれて亡くなるという交通事故を取り扱った。

今でこそチャイルドシートや全席でのシートベルトの着用が義務づけられている。当時はそこまではなかったが、車に備えられていた後席用のシートベルトを見ると、一体何のために備えられているのかとむなしさを感じた。そして、高速で移動する車の中に身を置いたとき、ここを守れるのは我々しかいないという誇りと使命感を感じた。

許認可事務に従事する機会を得た。手数料を徴収することや許可をすることの難しさ、失敗のできない緊張感を味わった。そんな時に頼りになるのは、交通警察の先輩だった。

子供も大きくなり、ワンボックスもくたびれてきたので、買い替えることになった。唯一乗りたいと思った車は、試乗車もなくカタログを家族に見せて、四枚ドアだし皆で乗れると適当に誤魔化して買った。

取締りから交通事故捜査に従事することになったそんな時、衝撃的な事件が発生した。

登校途中の中学生二人が居眠り運転のトラックに轢かれ亡くなるというもの。彼女たちの未来が一瞬にして奪われた。本人はもちろん、家族の無念はいかばかりのものか、必ずや有罪判決をとの思いで公判に臨んだ。勤務先の責任追及について下命を受け、初めてのことに右往左往しつつ、指導を仰ぎながらなんとか事件化し、運転者には有罪判決を得、会社は廃業した。

きちんと積み上げた結果が認められたのだろうが、罪を償っても、社会的制裁を受けても彼女たちは帰ってこない。悲しみは癒えないだろう。

現場から離れたところで仕事をすることになった。離れたところから、いかに現場の交通警察官の力になれるか。自分が現場にいた時に思っていた「困った時に尋ねることができる人」になりたいと思った。

そして、交通警察官のみならず、交通に関わる全ての人のために、交通に関する様々なお手伝いをする機会に恵まれた。そんな時、タンデム自転車に二人乗りできるようにして欲しいと要望を受け

規則改正が縁で我が家にやってきたタンデム自転車

た。そこには、視覚障害者の方の「自転車に乗りたい」という夢が込められていた。自転車を趣味に持つ私は、実際にタンデム自転車に乗ったこともあったが、障害のある人と共有することで、一人では絶対にできなかったことが実現できるようになる、そんな思いを聞いたとき、絶対にこの思いに応えようと思った。

後に知ったが、要望してきた人は、学生当時の同好会の先輩と当時から懇意にされていたことを聞き、三五年の年を超えて人と人がつながった。

子供たちも免許を取り、道路交通にデビューした。車と一緒に写真に収まってくれることもなくなったが、それぞれの世界で「車を真ん中に笑顔で写った写真を撮って欲しい」と思っている。

私はこれからも交通警察官。なぜなら、乗り物が好きだから、車が好きだから、バイクが好きだから、自転車が好きだから、まっすぐ延びる道路が好きだから、街道が好きだから、峠が好きだから、そして皆が「車を真ん中に笑顔で写った写真を撮って欲しい」から。

平成二一年四月三日、京都府南丹市において、交通取締り中の白バイ隊員が交通事故により殉職する事案が発生しました。

職に殉じられたのは、故上田頼久警部。京都府民の安全・安心を守るため、常に熱い気持ちを持って交通取締りや交通安全教育などに全力で取り組まれ、いつも笑顔が絶えず、優しく温かな人柄は誰からも慕われておりました。

そんな彼に悪夢が襲い、無念にも命を落とされたのです。

同年二月に誕生したばかりの長女明花音（あかね）ちゃんを残して……。

お父さんの記憶もないあかねちゃんが成長したとき、お父さんの人柄やエピソードを読んでもらえるよう、同僚、仲間から『あかねちゃん　お父さんはね。』と題したメッセージ集を贈りました。

そのメッセージ集から二編をご紹介します。

（メッセージは、平成二一年四月当時に書かれたものです。）

『あかねちゃん　お父さんはね。』

神山　保

非常に正義感が強く、頼りになるお巡りさんでしたよ。

白バイに乗っているときも、悪いことをした人には、ひるまず、よく捕まえていたよ。

そんな、お父さんですが、仕事場の仲間には、いつも、笑いをとることをしてたから、すごく慕われ、みんなから「頼《より》さん」と言われていたんだよ。

頼さんは、お酒とプロ野球の読売ジャイアンツが大好きだったなぁ。

お互い独身の頃は、よく円町周辺の飲み屋で飲んで、野球の話で盛り上がっていたんだよ。

そんな、頼さんですが、なかなか結婚しなかったので、みんなで心配していたんだよ。

しかし、平成一〇年に頼さんが結婚することとなって、みんながとても喜んだことを思い出すなぁ。

おじさんも、結婚式にも行かせてもらったし、引っ越しの手伝いにも行ったんだよ。

結婚式では、きれいなお母さんと頼さんが、人力車で登場したのを今でも覚えているよ。

幸せそうだったなぁ、頼さん。

結婚してから、一〇年が経ち、あかねちゃんが生まれたんだよね。

生まれたとき、頼さんは、すごく喜んだよ。

あかねちゃんは、頼さんとお母さんの宝物なんだ。

頼さんは、天国に行ったけど、あかねちゃんのことは、ずっと見守っているからね。

あかねちゃんは、そんな頼さんのこと大好きだよね。

おじさんも頼さんのことがとても大好きだよ。

将来、おじさんも天国に行ったら、頼さんと、またお酒を飲むよ。

あかねちゃん、さみしいかもしれないけど、元気だして何事にもがんばってね。

頼さんは、そんなあかねちゃんが一番大好きです。

『あかねちゃん　お父さんはね。』

横手　靖幸

あかねちゃんがこのメッセージを読んでいる今は何歳になっていますか？

お父さんが亡くなって、何年が過ぎているころでしょうか……

あかねちゃんは、大きくなったらどんなお仕事をしたいですか？

私とお父さんは、昭和五七年四月、高校を卒業したばかりの一八歳のときにお巡りさんになりました。そして、一年間お巡りさんの学校で一緒にお勉強をしたり、食事をしたりと共同生活をしました。

お巡りさんの学校でのお父さんは、どんなことにも一生懸命に汗を流して努力し、苦しいときにも泣き言を言わずにがんばっていました。

そんなお父さんのすばらしいところは、どんなときにも優しい「笑顔」を忘れなかったことです。

笑顔は周りの人たちを幸せにしてくれます。あかねちゃんのお父さんは私が出会った一八歳のときから大きくなって四五歳になっても、優しい「笑顔」はずっと同じでした。

私だけでなく、仕事のお友達もみんなお父さんの笑顔が好きだったと思います。

今のあかねちゃんには、お父さんの記憶はないと思います。だけど、あかねちゃんが生まれて僅かな間でしたが、お父さんは一生懸命小さなあかねちゃんを宝物のように抱いたり、あやしていたと思います。

いつかお父さんがいないことに気づいたとき。

私の周りのお友達にはみんなお父さんとお母さんがいるのに、「なんで私にはお父さんがいないの？」って思うでしょう。今のあかねちゃんのそばにはお父さんはいないけど、優しいお母さんと同じように、お父さんは天国から優しくあかねちゃんを見守っているよ。

そして、お父さんの代わりにお巡りさんたちが、あかねちゃんとお母さんを見守っているからね、安心してください。

最後に、

道路で走っている白バイを見かけたら想像してみてください。

お父さんは、あんな風にかっこいい白バイに乗ったお巡りさんだったんだって。

あとがき

この冊子のサブタイトルとなった「全国に広がれ　交通事故根絶の願い」は、平成二三年に当時四歳の男の子が亡くなった交通事故の捜査を担当した警察官が、「子供が生きていた証に」とご遺族から託されたひまわりの種を、このような悲しい思いをする家族がなくなるようにと願いを込め、自宅や勤務地の警察署の庭に植えたことがきっかけとなり、その思いが大輪のひまわりとともに、全国の警察に広まったものです。

交通警察職員は、このような悲しい交通事故を一件でも無くすために、交通指導取締りや交通安全教育、交通事故捜査、交通規制、免許や許認可業務等の分野で日々活動していますが、取締りの現場では、取締りを受けた人達から罵声を浴びることもあります。また、凄惨な事故現場では、涙をこらえつつその捜査に当たることもあり、労多くして報われることの少ない仕事なのかもしれません。それでも、なにげない府民の感謝の気持ちに触れた時に感じる喜びや、理不尽な交通事故に対する悲しみや怒りその全てを力に代え、ただひたすらに交通事故防止のために活動しています。

こうした職員の奮闘を現場体験記という形で広く部内外の方に紹介することにより、府民の皆さんに交通警察の活動についてなお一層の御理解と御協力をいただくことができるのではないか、また、第一線で活動している交通警察職員にとっても、同じ仲間の思いや悩み等を知ることは、日々の活動の糧になるのではないかと考え、この体験記を募集しました。交通警察職員約一千人の内、約二五〇人から応募があり、今回、そのうちの四三編を掲載しました。

京都府警察は、関係機関、団体等の御協力により、平成二八年中の交通事故死者数を昭和二三年の統計開始以来最少となる六〇人に抑止し、発生件数・負傷者数も一二年連続減少させることができましたが、六〇人もの尊い生命が交通事故により失われているという現実があります。

この体験記集をできるだけ多くの皆様にお読みいただき、読者の交通事故防止に少しでもお役に立てば、第一線の警察職員の苦労も報われるものと信じております。

発刊に当たり、この企画に御賛同をいただきました京都府警察官友の会、一般財団法人京都府交通安全協会、一般社団法人京都府トラック協会の皆様、マスコミ関係者の方々に心から御礼申し上げます。なお、本体験記集にかかる印税については、交通事故の被害に遭われた方々やそのご家族、ご遺族の経済的支援の一助となるよう、公益社団法人京都犯罪被害者支援センターへ寄付させていただきます。

平成三〇年一月

京都府警察本部交通部長
小林　晃

ひまわりの思いを胸に
～全国に広がれ　交通事故根絶の願い～

平成30年２月20日　初 版 発 行
平成30年３月20日　初版２刷発行

編　集　京都府警察本部交通部
発行者　星　沢　卓　也
発行所　東京法令出版株式会社

112-0002　東京都文京区小石川５丁目17番３号　03(5803)3304
534-0024　大阪市都島区東野田町１丁目17番12号　06(6355)5226
062-0902　札幌市豊平区豊平２条５丁目１番27号　011(822)8811
980-0012　仙台市青葉区錦町１丁目１番10号　022(216)5871
460-0003　名古屋市中区錦１丁目６番34号　052(218)5552
730-0005　広島市中区西白島町11番９号　082(212)0888
810-0011　福岡市中央区高砂２丁目13番22号　092(533)1588
380-8688　長野市南千歳町1005番地
〔営業〕TEL 026(224)5411　FAX 026(224)5419
〔編集〕TEL 026(224)5412　FAX 026(224)5439
http://www.tokyo-horei.co.jp/

ISBN978-4-8090-3185-4